"十三五"江苏省高等学校重点教材(编号2020-2-036)

高等学校学前教育专业系列教材

幼儿园
环境创设与实践指导

主　编　顾媛媛　田　燕
副主编　张学而　史晓倩
参　编（按姓氏笔画排序）
　　　　陈晓娇　赵　敏
　　　　端木和清　缪　颖

南京大学出版社

图书在版编目（CIP）数据

幼儿园环境创设与实践指导 / 顾媛媛，田燕主编 . -- 南京：南京大学出版社，2021.1（2025.1 重印）

ISBN 978-7-305-24017-1

Ⅰ. ①幼… Ⅱ. ①顾… ②田… Ⅲ. ①幼儿园 – 环境设计 – 幼儿师范学校 – 教材 Ⅳ. ① G617

中国版本图书馆 CIP 数据核字（2020）第 244371 号

出版发行	南京大学出版社
社　　址	南京市汉口路22号　　邮　编　210093
书　　名	幼儿园环境创设与实践指导 YOUERYUAN HUANJING CHUANGSHE YU SHI JIAN ZHIDAO
主　　编	顾媛媛　田　燕
责任编辑	曹　森　　　　　　编辑热线　025-83686756
照　　排	南京新华丰制版有限公司
印　　刷	南京凯德印刷有限公司
开　　本	787 mm×1092 mm　1/16　印张 7.5　字数 205 千
版　　次	2025年1月第1版第2次印刷
ISBN	978-7-305-24017-1
定　　价	49.00元

网址：http://www.njupco.com
官方微博：http://weibo.com/njupco
微信服务号：njuyuexue
销售咨询热线：（025）83594756

* 版权所有，侵权必究

* 凡购买南大版图书，如有印装质量问题，请与所购图书销售部门联系调换

前 言

环境是儿童成长的条件，更是支持儿童成长和发展的重要教育资源。《幼儿园教育指导纲要（试行）》中指出："幼儿园应为幼儿提供健康、丰富的生活和活动环境，满足他们多方面发展的需要，使他们在快乐的童年生活中获得有益于身心发展的经验。"良好的环境可以促使幼儿在与环境的互动中去体验生活、了解世界，形成幼儿完善的人格、良好的自我及社会意识和美育能力。

"幼儿园环境创设"是学前教育专业的必修课程，本教材全面、系统、科学地阐述了幼儿园环境创设的基本理论、幼儿园各种教育环境布置设计与制作的内容、方法和技能，以及幼儿园室内外空间环境及区域环境的创设、幼儿园各类墙饰的设计与制作等内容，使学生了解和掌握环境创设的全面理论知识和实践操作要点，体现幼儿园教育环境创设专业知识和综合实践能力的培养目标达成性，提升综合审美能力，培养出具有新时代卓越教师发展潜质的应用型专业人才。本教材的特色与创新之处在于：

从编写框架上，建构了理论知识和技能实训的双维度培养框架，既关注学前专业建设的现实需求，又关注具体的课程教学实训现状需求。兼顾了幼儿园环境创设基本理论、原则和方法，以及幼儿园环境创设的实际需求，对幼儿园环境创设案例进行解读与分析，进而使学生掌握环境创设策略以及实践操作要点。师生双方教、学、做三位一体，提升师范生依据理论科学开展幼儿园环境创设的实践能力。

从编写内容上，首先，注重理论与实践相结合。本教材从幼儿园环境创设概述、幼儿园环境的建构与创设、体现园本文化特色的幼儿园环境创设、环境创设的基本方法与实践、基于主题活动的环境创设以及幼儿园环境创设的教育评价六个方面对幼儿园环境创设的理论知识进行阐述，对富有园本文化特色的环创案例进行设计思路分析和实践指导解读，注重对学生创新精神与创新能力的培养，体现专业知识和综合实践能力的融通性。

其次，注重多学科的融通性。本教材基于学前教育学的理论支撑，在新时代"立德树人"的背景下，充分利用环境教育的契机，结合幼儿园环境创设所涉及的幼儿园教育五大领域相关学科内容与知识，注重知识的联系与整合，体现出教材内容的综合性与丰富性。

从编写理念上，针对现阶段的幼儿园环境创设普遍缺乏鲜明的独特性，呈现出"千园一面"的状态，本教材将园本文化特色纳入环创理念建构，将人文特色、艺术特色、地域性特色等创新理念作为环创构思切入点，在"大同"中存"小异"，即在达到五大领域的基本目标外，体现出具有园本文化理念创新特色的环境布置，使我们的幼儿园环境各有千秋，不一而足。

从编写方式上，本教材的编写不仅对环境创设的理论知识进行了系统性的整理，还将幼儿园主题活动等幼儿教育前沿实践活动形式，纳入教材编写中。依托来自一线教学经验的幼儿园骨干教师团队，收集各类幼儿园优秀主题教学活动案例，进行分析与教育评价，优化幼儿园环境创设的结构，提升教材的专业性与实践性。

本教材是在考察同类课程和教材的前提下，结合我国高校学前教育专业建设的现实需要，呼应江苏第二师范学院"教育部卓越幼儿园教师培养改革项目"的建设目标以及"江苏省教育学重点学科""江苏省学前教育一流专业"的建设需求而最终形成，同时也是江苏省高校青蓝工程资助成果之一。本教材由顾媛媛负责大纲拟定和全书的修改、统稿工作，由田燕负责把握和审定教材的整体框架，教材各章编写分工如下：第一章、第六章由史晓倩编写；第二章、第四章第一节、第二节由张学而编写；第三章、第五章由顾媛媛编写，部分案例由陈晓娇、赵敏、缪颖撰写；第四章第三节由端木和清编写。

本教材在编写过程中，参考了诸多研究者的著作和材料，收录了江苏省省级机关实验幼儿园、南京市第一幼儿园、南京市第三幼儿园、南京九龙湖幼儿园、南京溧水实验幼儿园、北京三教寺幼儿园相关环境创设的图片，并得到南京大学出版社的大力支持，在此谨致谢忱！

幼儿园环境创设当与时俱进，以实现幼儿自由本真之发展。由于笔者水平有限，书稿中难免存在疏漏之处，敬请专家和读者批评指正。

编者

目 录

第一章 幼儿园环境概述 001

第一节 幼儿园环境的概念与分类 001
第二节 幼儿园环境创设的基本要求 008
第三节 幼儿园环境创设的意义与价值 009

第二章 幼儿园环境的建构与创设 012

第一节 幼儿园室内环境的创设 013
第二节 幼儿园户外环境的创设 029
第三节 幼儿园公共环境的创设 031

第三章 体现园本文化特色的幼儿园环境创设 035

第一节 体现人文特色教育理念的幼儿园环境创设 035
第二节 体现艺术特色的幼儿园环境创设 040
第三节 体现地域特色的幼儿园环境创设 046

第四章 幼儿园环境创设的基本方法与实践 051

第一节 幼儿园墙饰设计的类别与要求 051
第二节 幼儿园墙饰设计的基本法则与常见题材 055
第三节 多元材料的技法实践运用 061

第五章　基于主题活动的幼儿园环境创设 …………………………………… 069

第一节　主题活动环境创设概述……………………………………………069
第二节　主题活动环境创设的规划与实践案例……………………………082

第六章　幼儿园环境创设的教育评价 ……………………………………… 104

第一节　幼儿园环境创设教育评价的基本内容……………………………104
第二节　幼儿园环境创设教育评价的示例…………………………………108

参考文献……………………………………………………………………………113

第一章 幼儿园环境概述

扫码获取
拓展资源

第一节 幼儿园环境的概念与分类

一、幼儿园环境的概念

教育家陈鹤琴曾指出:"小孩子生来大概都是好的,但是到了后来,或者是好,或者是坏,都是因为环境的关系。"①环境对幼儿身心发展具有潜移默化的作用,被认为是幼儿园的"第三位老师",在幼儿的成长过程中发挥着不可替代的作用。《幼儿园教育指导纲要(试行)》明确提出,"环境是重要的教育资源,应通过创设并有效地利用环境促进幼儿的发展""幼儿园应为幼儿提供健康、丰富的生活和活动环境,满足他们多方面发展的需求,使他们度过快乐而有意义的童年"。幼儿的发展是在与周围环境的相互作用中得以实现的,幼儿园作为幼儿生活和成长的重要空间,应该有良好的环境,以促进幼儿身心和谐健康地发展。

(一)环境

环境是什么?《辞海》中的"环境"指:①周围的境况。如自然环境、社会环境。②环绕所辖的区域。周匝《元史·余阙传》:"环境筑堡寨,选精甲外捍,而耕稼于中。"②第一种在于阐释包含人类在内的广义的环境概念,第二种在于解释以人类为中心的狭义的环境概念。

在《教育人辞典》中,环境(environment)指:①直接或间接影响个体的形成和发展的全部外在因素。包括先天环境(即胎内环境)和后天环境(即自然环境、社会环境等)。②以人的主体为中心,围绕自我的事物。包括外部环境和个体内部环境,外部环境包括先天环境和后天环境。内部环境包括生理环境和心理环境。对内部环境的研究始于近代。自法国生理学家伯纳德(1813—1878)提出生理环境概念和德国拓扑心理学家勒温提出心理环境概念以来,科学研究开始逐步重视内部环境对人的影响。人的形成和发展过程就是一个不断与外部环境进行物质、能量、信息交换的过程。③

在《教育辞典》中,环境是指围绕在人们周围的客观世界,包括自然环境和社会环境。遗传只提供儿童身心发展的可能性,而环境和教育则规定儿童身心发展的方向和性质,影响着人的身心发展的进程和速度。④从广义上来说,环境是指包围人类,并对其生活

---

① 陈秀云、柯小卫主编:《儿童游戏与玩具》,南京师范大学出版社2013年版,第99页。
② 辞海编辑委员会主编:《辞海(1989年版缩印本)》,上海辞书出版社1990年版,第1356页。
③ 顾明远主编:《教育大辞典(增订合编本上)》,上海教育出版社1997年版,第604页。
④ 杭州大学教育系主编:《教育辞典》,江西教育出版社1987年版,第376页。

和活动给予各种各样影响的外部条件的总和，是由若干自然因素和人工因素有机构成的，并与生存其中的人类相互作用的物质空间。对于活动其中的人来说，环境有其物质功能性的面，即能够满足人的生理需求（安全、庇护、活动实用等），也有精神影响的方面，即能够作用于人的心理需求（交往、尊重、自我实现等）。[①]从上述定义中我们可以看到，传统语境下环境的定义包含了两个因素：①环境指周围的境况或客观世界，包括自然环境和社会环境；②环境将对人产生影响。

（二）幼儿园环境

相对于一般意义上的环境来说，幼儿园环境则是一种更为具体、更为特殊的环境。幼儿园环境的概念也有广义和狭义之分。广义上的幼儿园环境，是指开展幼儿园教育所需要的一切条件的总和。狭义上的幼儿园环境，是指在幼儿园中影响幼儿身心发展的所有物质因素和精神因素的总和。

幼儿园环境创设主要是指教育者根据幼儿园教育的要求和幼儿的身心发展规律、需要，充分挖掘和利用幼儿生活环境中的教育因素，并创设对幼儿起积极作用的活动场景，把环境因素转化为教育因素，以促进幼儿身心发展。

二、幼儿园环境创设的理论基础

（一）蒙台梭利教育中的环境观

蒙台梭利（1870-1952），意大利第一位女医学博士，也是20世纪意大利著名的幼儿教育家。蒙台梭利早年从事医学工作，重点关注残障儿童的康复训练。工作过程中，她发现儿童身心方面的缺陷并不单纯是医学的问题，更是一种教育的问题。这一发现点燃了她研究教育的热情，她设计的教育方案在残障儿童身上取得了良好的效果。1907年，蒙台梭利在意大利罗马的贫民区创立了"儿童之家"，开始了对正常儿童的教育研究工作，这成为她教育生涯中的重大转折点。蒙台梭利在"儿童之家"的研究和实践同样获得了成功，在此基础上她逐渐形成了一套完整的教育思想体系，这套思想体系也逐渐成为世界上著名的幼儿教育模式之一，对学前教育的改革和发展产生了深远的影响。

1.蒙台梭利教育中的环境观

蒙台梭利非常强调环境对幼儿的影响，认为幼儿可以利用先天具有的"吸收性心智"去营造、发展、建设和完善自己，同时也指出幼儿的成长与发展依赖于幼儿和环境之间精细关系的进展，先天的能力必须要与外在的学习环境相配合才能发挥所长。[②]蒙台梭利认为，伟大的潜能和吸收性心智能帮助幼儿在有意识的状态下轻松地从周围环境中进行吸收、学习和活动，因此，幼儿园环境的质量直接影响着幼儿身心发展的水平。

幼儿园环境应该有别于成人世界的环境，适合幼儿发展的步调。蒙台梭利认为，成人世界中有太多的因素阻碍了幼儿的发展，因此在她的课程中，环境应该是特殊的、区别于成人世界的，这个环境能够保护幼儿。正如一个肉体的胚胎需要母亲的子宫并在那里得以发育一样，精神的胚胎也需要外界环境的保护；这种环境充满着爱的温暖，有着丰富的营

---

① 张虹：《幼儿园环境创设对幼儿身心健康影响浅谈》，载《资治文摘（管理版）》2010年第7期，第137-138页。
② 汤志民主编：《幼儿园环境创设指导与实例》，华东师范大学出版社2013年版，第130页。

养，在这种环境中所有的东西都倾向于欢迎它，而不会对它有害。①幼儿园环境必须与幼儿发展的步调相协调，与成人的世界相关联，给幼儿带来安全、可靠的感觉，幼儿能自由地在环境中进行选择和操作各种活动材料。

"有准备的环境"能够为幼儿提供面对未来世界所需的方法和手段。蒙台梭利认为，教育是教师、幼儿和环境三者相互影响的过程，在这个过程中，环境既是教育的内容，也是教育的工具，其作用是不可替代的，所以教师必须提供适合幼儿身心发展的环境，这种环境就是蒙台梭利教育思想中的"有准备的环境"。它需要满足以下几个要素：第一，生活环境是有规律和有秩序的；第二，环境是幼儿能自由选择的；第三，环境要真实且自然；第四，环境应美丽与温馨。②

2.蒙台梭利教育中环境观对幼儿园环境创设的启示

幼儿园的每一处环境对幼儿的发展都有重要影响，进行环境创设时应该用心设置，克服其随意性。环境对幼儿的发展具有潜移默化的影响，强大的学习潜能和"吸收性心智"能够使幼儿轻松地从周围环境中学习。精心设计的环境能够帮助幼儿获取有助于身心成长的经验，粗制滥造的环境则可能给幼儿带来负面的影响。

幼儿园环境创设应该以幼儿为中心，符合幼儿身心发展的规律。蒙台梭利认为，环境是幼儿自主活动的场所，是幼儿生活的实验室，应该尊重幼儿的自主选择，鼓励幼儿在环境中自由、自主地按照自己的方式和速度活动和学习，从而获得精神上的自由。幼儿生活的环境是特殊的、区别于成人世界的，幼儿园的环境创设应充分考虑幼儿身心发展的阶段性和差异性，满足幼儿身心发展的需要，尤其要符合幼儿的生活需要。创设的环境应该让幼儿感到愉快，提供的材料应该符合幼儿的年龄和身体发育特点，且对幼儿有巨大的吸引力。

蒙台梭利教育思想中"有准备的环境"对我们有现实的启示意义。蒙台梭利课程中"自由、结构与秩序、真实与自然、美感与气氛"的环境创设原则非常值得我们借鉴和学习。首先，自由的环境是幼儿潜能充分发挥的前提条件，能够激发幼儿的探究行为，提高幼儿的创造性水平。其次，蒙台梭利提出的"自由"并不是不受任何拘束的"自由"，而是建立在"规则"和"秩序"基础之上的，以不影响他人活动为限度的自由。再次，真实与自然的环境有助于幼儿发展探索外部世界所需的安全感，并帮助幼儿成为敏锐细致的生活观察者。最后，富有美感的环境有利于激发幼儿对生活的渴望与反应，但真正的美感不是豪华的装潢、高档的玩教具、花里胡哨的图画，而是简洁有序、适合幼儿操作、能引发幼儿互动的环境。这样的环境才是真正有教育价值的。

蒙台梭利"儿童之家"的环境虽然强调幼儿的自由选择、自主探索，但其环境创设千篇一律、缺少变化，因而难以引发幼儿持续性的探究活动。我们在借鉴蒙台梭利教育思想进行环境创设时，还必须考虑本土化的问题，不能简单地模仿。

（二）瑞吉欧教育体系中的环境观

瑞吉欧·艾米利亚（Reggio Emilia）是意大利东北部一座美丽富饶的城市，著名的瑞吉欧教育思想就在这里萌芽、发展，并向世界各地广泛传播。马拉古齐（1920-1994）是瑞吉欧教育思想的创始人和传播者。20世纪60年代以来，马拉古齐和当地幼教工作者在教育实

---

① 蒙台梭利主编：《童年的秘密》，人民教育出版社2005年版，第27页。
② 袁爱玲主编：《幼儿园教育环境创设》，高等教育出版社2010年版，第12-13页。

践过程中，发展形成了一套独特的、具有变革性的幼儿教育教学理论、幼儿园活动组织方法以及环境创设原则。1979年，瑞吉欧开始与瑞典的学校开展密切的交流活动。1981年，在斯德哥尔摩市举办了名为"如果眼睛能越过围墙"的展览活动，把瑞吉欧教育思想的传播推向高潮。1987年在美国进行了名为"儿童的一百种语言"的展览活动，瑞吉欧一时成为欧洲幼儿教育变革的中心，与之形成的瑞吉欧教育体系对于当下的学前教育也有着积极的借鉴意义。

1. 瑞吉欧教育体系中的环境观

环境在瑞吉欧教育中占据着举足轻重的地位。瑞吉欧教育者认为，环境是"可以支持社会互动探索与学习的容器""空间也是具有教育内涵的"。在瑞吉欧教育中，环境远不止于几幅美丽好看的图画，还包括区角中生机盎然的各样植物，以及让幼儿乐此不疲的各种玩教具。环境不仅是幼儿所处的地理、物质环境，更是一种时间、精神沉淀的文化环境。[①]瑞吉欧的每一处环境设置，都是其教育的重要组成部分。用瑞吉欧教育工作者的话来说，在瑞吉欧学校里，"没有一处无用的环境"。[②]环境本身是一种课程，属于教育内容的一部分，是课程设置与实施的重要因素。瑞吉欧教育者认为，环境是幼儿与幼儿之间、幼儿与成人之间以及幼儿与物体之间互动的关键性因素。瑞吉欧教育的环境布置，重视环境中各个元素的参与。

环境是第三位老师。将环境形象地比喻为第三位老师，一方面赋予了环境生命和灵性，使环境具有和教师一样的作用，可以促进幼儿知识、情感、技能的养成和发展；另一方面也表明了环境不是被动、一成不变的，是积极主动的、可以改变的，用以适应幼儿和教师的实际需要。

环境是最好的评价记录方式之一。瑞吉欧教育的环境就像一面镜子一样，时刻记录着幼儿及教师成长和进步的点滴。正如马拉古齐所说："我们学校的墙壁会说话，也有记录的作用，利用壁面的空间暂时或永久地展示幼儿及成人的生活。"

2. 瑞吉欧教育中环境观对幼儿园环境创设的启示

"环境也是一种课程""环境是第三位老师""环境会说话"等理念对我们今天的幼儿园教育都有积极的借鉴意义。

第一，加强对话合作，增强幼儿园环境的开放性和互动性。瑞吉欧教育中的环境是开阔、广泛、真实的，它来自幼儿园、家庭和社会之中，是真实环境的缩影，幼儿可以在这个环境中切身地感受真实世界的一面。瑞吉欧教育者认为，幼儿在充满互动经验的环境中更有利于实现知识的建构和身心的健康发展。瑞吉欧环境中的每一处设置和建设都需幼儿、教师、家长及社会人士等一起探讨商议，达成共识。

第二，科学、合理地创设幼儿园环境，凸显民族文化特色。幼儿是环境的产物，瑞吉欧课程的内容主要来自幼儿周围的环境，来自生活中幼儿感兴趣的事物、现象和问题，来自他们的各种活动。"工作坊"是瑞吉欧教育中环境创设的精髓，代表着幼儿园的教育理

---

① 马拉古齐主编：《孩子的一百种语言：意大利瑞吉欧方案教学报告书》，光佑文化事业股份有限公司2002年版，第41页。
② 贾珀尔·L·鲁普纳林，詹姆斯·E·约翰逊主编：《学前教育课程》，华东师范大学出版社2005年版，第41页。

念、文化特色及人文情怀，它集合了本土特色、传统文化，融合了家庭、幼儿园及社会的优秀观点，在互动的过程中生成的课程更无法简单复制。幼儿园记录着教师与幼儿的成长经历，记载着我们的文化精髓，寄托着国家和民族的希望。我们应该借鉴瑞吉欧教育在环境创设方面的理念，传承优秀的传统文化，体现本土特色，生成各具特色的幼儿园环境。

第三，注重环境与课程之间的相互创生。瑞吉欧教育的环境创设非常重视生成性原则。一方面是环境生成课程，另一方面则是课程生成环境。环境生成课程是指课程不是预先设定的，而是在教师、幼儿、环境三者相互作用的过程中生成的；课程生成环境是指环境服务于课程的目标而创设。相互创生的环境与课程既能避免环境的单调枯燥、一成不变，使环境更适宜幼儿和教师的需要，也可以使课程的设置更加贴近幼儿生活，更富有趣味性。这一点，瑞吉欧教育的环境创设为我们提供了很好的借鉴。[①]

（三）陈鹤琴教育思想中的环境观

陈鹤琴（1892-1982）是我国现代著名教育家、儿童心理学家和儿童教育专家，他从中国国情出发，学习和引进了西方进步主义教育思想以改革传统教育，创造富有中国民族特色的现代幼儿教育，被誉为"中国幼教之父"。陈鹤琴先生是我国从实践角度深入系统地探索幼稚园环境创设的第一人。他在南京创建了我国第一所实验性的幼稚园，即鼓楼幼稚园。正是在这所幼稚园中，他与许多有志之士通过艰苦探索，终于形成了自己的一些理论。而有关幼稚园环境创设的思想便是其中很重要的一部分。

1. 陈鹤琴教育思想中的环境观

陈鹤琴重视环境的作用，提出要"注意环境、利用环境"[②]，陈鹤琴在《我们的主张》中指出："儿童的环境不外乎两种：一种是自然的环境；一种是社会的环境。自然的环境就是各种动植物的现象。社会的环境就是个人、家庭、集体、市场等类的交往。"[③]由于"这两种环境都是与儿童天天要接触的，所以我们应当利用这两种环境作幼稚园课程的中心。"[④]因此，对于幼儿园的环境陈鹤琴强调："我们需要布置环境以充实儿童的生活和环境，丰富儿童的学习资料。"[⑤]

陈鹤琴提出要布置审美的环境和科学的环境，首先，"爱美是儿童的天性，透过这种天性，可以培养儿童的情感，陶冶儿童性情"[⑥]。因此，在室外可以开辟草场、花园、菜圃、栽培美丽鲜艳的花卉蔬菜、绿荫浓浓的树木；在室内可以布置有教育意义的挂图、图片、故事画等，陶冶儿童的情感。同时，爱自然也是儿童的天性，"透过这种天性，可以培养儿童爱科学爱劳动。"[⑦]因此，幼儿园应布置一个科学的环境，引导儿童栽培植物、布置庭院，浇水、除草、收获种子……

---

① 王娇艳，程秀兰：《当"有准备的环境"遇上"第三位老师"——对蒙台梭利教育和瑞吉欧教育中"环境"的比较研究》，载于《早期教育》2014年第9期，第4-6页。
② 陈秀云，陈一飞主编：《陈鹤琴全集（第五卷）》2008年版，第88页。
③ 陈秀云，陈一飞主编：《陈鹤琴全集（第二卷）》2008年版，第78页。
④ 陈秀云，陈一飞主编：《陈鹤琴全集（第二卷）》2008年版，第78页。
⑤ 陈秀云，陈一飞主编：《陈鹤琴全集（第二卷）》2008年版，第475页。
⑥ 陈秀云，陈一飞主编：《陈鹤琴全集（第二卷）》2008年版，第475页。
⑦ 陈秀云，陈一飞主编：《陈鹤琴全集（第二卷）》2008年版，第475页。

谈及如何布置环境，陈鹤琴给出了很多可操作的建议。首先，他认为布置幼稚园的环境应遵循这样几个基本原则："环境的布置要通过儿童的大脑和双手、环境的布置要常常变化、高度应以儿童的视线为标准。"[①]这些原则均体现了陈鹤琴"儿童本位"的思想。其次，在什么地方布置呢？陈鹤琴讨论了室内和室外两类环境的布置。第一，对于室外环境。他认为室外可以布置花坛、菜地、小动物园；如果有池塘，就可以养鱼、养鹅，一池碧水，浮着几只白鹅，四周飘着几棵垂柳。"儿童在这个环境里面，一定会自动地去接触各种动植物，无形之中，他对于自然界的事物就得到了正确的认识。"[②]这便是陈鹤琴所指的环境所给予儿童的教育。第二，对于室内环境。陈鹤琴认为室内环境布置可以通过指导儿童来完成。例如要布置小白兔吃萝卜的图案，教师可以事先准备材料，让儿童来贴，如果要做娃娃的家，可以请儿童用木板钉小床、小桌、小椅以及其他用具；表格也可以让儿童帮助教师一同挂上去。另外，在室内还可以布置一个自然陈列栏、生物角，使儿童栽培植物，观察植物的变化：发芽、长叶、开花、结果；把鱼和蝌蚪等放在动物缸内，让儿童饲养它们，观察它们的生活状态。关于用什么东西布置，陈鹤琴主张用自然物、儿童的作品及有教育意义的图画、挂图和图片来布置。最后，陈鹤琴强调幼稚园的环境创设应该"中国化"，即使是在吸收国外精华时也要有所改造而非照搬照抄。

2. 陈鹤琴教育思想中的环境观对我国当前幼儿园环境创设的启示

无论是对幼稚园环境创设理论研究成果的不断创获，还是对环境创设实践领域的不断开辟，均离不开陈鹤琴对"一切为了儿童"的教育本体追求，对于儿童环境的重视背后彰显的是对儿童人格的尊重，是对儿童的喜爱。陈鹤琴关于幼儿园环境教育的论述很多，这些思想和论述给了我们很多现实的启示。

首先，幼儿园环境创设要"中国化"。当前，我国有些幼儿园在创设环境时仍然存在"贪大求洋"的现象，幼儿园的设备、玩具很多都是从国外引进的，环境创设中也加入太多的西方文化，包括介绍圣诞节、感恩节、万圣节等西方文化的主题环境创设、玩具制作等。而中国传统文化以及民间传统的玩具则慢慢被淡忘，中华民族的传统节日、传统服装、传统饮食等离幼儿越来越远。因此，我们应当立足本国实际情况，积极挖掘中国传统文化中优秀的因素，将其融入幼儿园环境创设之中，让幼儿在潜移默化中接受优秀传统文化的熏陶，从而积极传承和弘扬中华优秀传统文化。

其次，幼儿园环境创设要"儿童化"。幼儿是环境的主人，是环境的建设者和使用者，因此，在创设幼儿园环境时必须以幼儿为出发点和归宿，尊重幼儿的身心发展规律，提高幼儿参与环境创设的机会，满足幼儿身心发展的需要，这是陈鹤琴关于幼儿园环境创设儿童化思想的集中体现。

再次，幼儿园环境创设要"生活化"。"活教育"理论所强调的大自然、大社会的课程观体现了生活化的特点，与当今幼儿园环境创设所提倡的生活化、社会化、主题化、整合化、渗透化等创设理念不谋而合，这就要求我们在进行环境创设时要注重大自然给我们的恩赐，利用身边的自然资源、生活资源进行环境创设，如秋天的落叶、冬天的雪花、夏天的阳光、春天的小草、各种可回收利用的物品及幼儿的作品等。

---

① 陈秀云，陈一飞主编：《陈鹤琴全集（第二卷）》2008 年版，第 476 页。
② 陈秀云，陈一飞主编：《陈鹤琴全集（第二卷）》2008 年版，第 476 页。

最后，幼儿园环境要"动态化"。陈鹤琴认为，幼儿园环境的布置只有常常变化，才能更好地激发幼儿的探究兴趣。当前，我国幼儿园的环境过于静态化，有的幼儿园教师图省事、有的幼儿园怕花钱，环境布置长期不换，严重的一个学期甚至一学年才更换一次，致使所布置的环境失去了应有的教育价值。唯有配合季节的变化、教育主题的改变以及幼儿兴趣热点的转移等及时调整环境布置，保证幼儿园环境的动态化，才能充分发挥环境对幼儿身心发展的影响力。

三、幼儿园环境的分类

（一）从环境的物质形态角度分

从物质形态上看，可将幼儿园环境分为物质环境和精神环境。广义的物质环境是指对幼儿园教育产生影响的一切天然环境与人工环境中物质要素的总和，包括自然风光、城市建筑、社区绿化、家庭物质条件、居室空间安排、室内装潢设计等。狭义的物质环境是指幼儿园内对幼儿发展有影响作用的各种物质要素的总和，包括园舍建筑、园内装饰、场所布置、设备条件、物理空间的设计与利用、各种材料的选择与搭配等。广义的精神环境泛指对幼儿园教育产生影响的整个社会精神因素的总和——主要包括社会的政治、经济、文化、艺术、道德、风俗习惯、生活方式、人际关系等。狭义的精神环境指幼儿园内对幼儿发展产生影响的一切精神因素的总和。主要包括教师的教育观念与行为、幼儿园人际关系、幼儿园文化氛围等。

（二）从幼儿园空间布局的角度分

从幼儿园空间布局来看，广义的幼儿园环境分为园内环境与园外环境，园外环境主要是指幼儿园之外的环境，比如社区环境、家庭环境等。园内环境是指幼儿园内部环境，包括户外环境、室外环境和室内环境，户外环境主要指户外活动区，如器械设备区、玩沙戏水区等；室外环境又称为公共区域环境，主要是指楼道、走廊、门厅等；室内环境主要指班级环境，具体又包括活动室内各种区域，如洗漱室、睡眠室等。

（三）从幼儿园一日活动的主要类型的角度分

从幼儿园一日活动的主要类型来分，幼儿园环境可分为生活活动环境、游戏活动环境和学习活动环境等。这些活动环境还可以再次划分为更加微观的环境，比如生活活动环境还可分为盥洗室、就餐区等；游戏活动环境可分为室外游戏区和室内游戏区，室外游戏区有玩水玩沙区、体育活动区等；室内游戏区又可分为角色游戏区、表演游戏区、结构游戏区、认知活动区（如阅读区、数学区、科学区、美工区、手工区等）。

（四）从课程结构和特征的角度分

如果把幼儿园环境作为"隐性课程"，那么从课程的结构和特征来分，可分为空间环境、组织制度环境和文化心理环境。空间环境主要指幼儿园的园舍建筑、活动室设置和美化绿化等方面；组织制度环境是指幼儿个体与集体行为的准则与规范，主要有教育内容与活动的安排、教育评价与方式及教育管理思想与方式等方面；而文化心理环境包括师生关系，教师期望、行为和态度等。

第二节　幼儿园环境创设的基本要求

通过创设丰富多样、积极有效的幼儿园环境来支持和引导幼儿的学习和发展是符合幼儿身心发展特点的，为了更好地发挥幼儿园环境的实际作用，环境的创设需要考虑一定的基本要求，主要体现在：

一、考虑幼儿的安全要求

考虑幼儿的安全要求，可以从身体安全和心理安全两个方面来考虑。

第一，要确保幼儿身体的安全。确保幼儿身体的安全，应该重点从幼儿园园舍建筑、设施设备以及玩教具等方面来考虑。2016年3月1日起实施的《幼儿园工作规程》（以下简称《规程》）明确提出："幼儿园的园舍应当符合国家和地方的建设标准，以及相关安全、卫生等方面的规范，定期检查维护，保障安全。幼儿园不得设置在污染区和危险区，不得使用危房。幼儿园的设备设施、装修装饰材料、用品用具和玩教具材料等，应当符合国家相关的安全质量标准和环保要求。"幼儿园的桌子、椅子、玩具柜等设施要进行抹角处理，大型器械要派专人负责，定期进行安全检查。环境装饰不宜过于花哨，应确保安全。幼儿使用的玩具、教具要安全卫生，确保制作材料无毒无害。

第二，要充分关注幼儿心理的安全。幼儿对外部世界有着强烈的好奇心和探究欲望，但是探究行为是幼儿在确保心理安全的前提下发生的。心理安全是指个体希望获得稳定、安全、秩序、保障、免受恐吓，内心充满安全感的需要。因此，幼儿园教师在进行环境创设时，还应该充分关注幼儿心理安全的满足。如果忽视幼儿的身心发展特点，仅仅从成人的视角来创设环境，就容易给幼儿带来陌生感，从而使其产生心理焦虑，这样幼儿园环境对幼儿的教育作用也就无从谈起了。

二、符合幼儿年龄特点、富于童趣

在幼儿园环境创设中，要充分考虑幼儿的年龄特点、身心发展水平、幼儿的知识经验和实际认识水平，体现一定的适宜性，使幼儿的兴趣、需要、知识经验、能力和意愿能够对客观环境做出选择性反应，并主动地与这些环境进行交互作用。在舒适的环境里，幼儿活动的积极性和活动的效果才会达到较理想的状态。如果幼儿长期处于杂乱、肮脏的环境中，他们会产生出强烈的厌烦感，影响他们对于活动的积极性。保证幼儿园环境干净、整齐的特点，让幼儿体会到舒适，使幼儿心情愉悦，充满童心童趣。如：在数学区的幼儿以操作活动为主，常采用坐姿，因而要为他们提供高度合适的座位；在建构区，幼儿有站有坐、有趴有跪，因而可以准备较为宽敞、且材质柔软的地毯或软垫。

三、体现形式丰富、内容多样的要求

在幼儿园环境创设中要充分结合幼儿园课程发展的需要、幼儿实际的活动需要，创设不同的结构环境。教师要在各类活动中及时把握幼儿的兴趣，生成相应的活动环境，同时，教师要善于发现生活中的资源，能够根据幼儿身心发展的需要形成相应的活动。幼儿园环境无论在户外还是室内都应该尽可能形式丰富、富有变化，既有利于集体活动，也有利于小组和个别活动；环境内容多样、富有层次，既可以有效提高教师组织各种教育活动和游戏活动的能力，也可以引导幼儿自发地开展各种游戏活动、探索体验活动。

四、彰显幼儿的主体性地位

主体性不能仅仅理解为参与性，幼儿是环境的主人，对环境有绝对支配权和管理权，环境的创设要以幼儿的需求为主，环境的布置要强调幼儿的主动参与，幼儿与环境产生充分的互动。由环境的呈现方式可得知幼儿在活动中是否具有自主性、能动性和创造性，环境是综合考评幼儿园的一个主要方面。教师不应该创设只能观察的"静态环境"，没有与环境产生互动，也就失去了创设该环境的意义。

当幼儿能主动地参与到改变周围环境的工作中时，他们就会感觉到自己有控制周围世界的能力。在这样的过程中，孩子能获得自信。教师可根据当前的主题内容、季节特点、节日内容等进行环境创设，还可根据幼儿在活动中生成的问题来创设环境，通过幼儿与环境的间接对话来寻找答案。比如，主题活动"神奇的海洋生物"中，幼儿想知道还有哪些动物也是海洋生物。教师在主题墙上为幼儿创设一个能补充答案的区域，让幼儿通过回家搜索答案、自学知识等自己喜欢的方式将答案展示在该区域内，最后形成了该问题的答案墙。教室中还可创设个人作品墙，让幼儿将自己满意的手工作品、喜欢的照片展示到这个区域内，也可以为幼儿提供材料，让幼儿在该区域自由地创作作品，即画即贴，增强归属感。

五、注重环境的效用性

教师为了追求复杂美观的环境，或者为了应付检查，大规模地投放材料。这样的环境创设效用很低。对于空间较小的城区型幼儿园，太过纷繁的环境创设还会对幼儿的心理健康起到反作用。那么，怎样的环境创设才是有效用的呢？

幼儿接触环境后会对其有一个初步的了解，随着与环境的互动，不断产生新的兴趣和需要。投放的材料要依据幼儿和环境之间"对话"后的结果、生成的问题，进行渐进性的调整，教师可以从以下几个维度来考量环境创设是否具有效用性，首先要考量创设的环境是否能满足幼儿的需要。如在角色游戏的环境中，是否按照班级的总人数来创设区域？是否在每个区域中都有环境的暗示？是否以无声的"小老师"形象提醒孩子们要注意规则。其次，还要考量，小班平行游戏较多，材料是否投放充足？中班是否有开展初步的社会合作的环境辅助？大班的环境是否自由宽松？材料是否丰富多样？大部分的环境是否可以由孩子合作创设？而教师只做引导和协助。另外，值得一提的是在空间的利用上，可采用一个区域多重利用的方法，充分利用桌椅橱、布帘搭建的分制隔板，在此基础上创设游戏环境等。再者，材料的使用要充分实现一物多玩和以物代物。中大班应多使用结构化程度低、用途多的材料，如利用废旧材料培养幼儿的想象力、创造力和动手操作力。

第三节　幼儿园环境创设的意义与价值

教育家陈鹤琴曾说过，怎样的环境，就得到怎样的刺激，怎样的印象。在幼儿园环境中充满童趣，拥有童话般的感觉，既可以满足孩子们自身对于各种活动的需要，又可以享受各种游戏、教学的乐趣。《幼儿园教育指导纲要（试行）》中指出："幼儿园应为幼儿提供健康、丰富的生活和活动环境，满足他们多方面发展的需要，使他们在快乐的童年生活中获得有益于身心发展的经验。"幼儿园环境作为一种隐性的教育内容，对幼儿的发展有着重要的意义和价值。

一、幼儿园环境创设的意义

（一）有利于幼儿园教育活动目标的达成

幼儿园的教育目标围绕促进幼儿的全面发展而展开。幼儿园环境的创设，可以与教育目标达成一致。为了达到幼儿园的教育目标，需要有怎样的环境与之配合，在现有的环境因素中，哪些因素对教育目标的实现是有用的，哪些可以利用，哪些在现有的幼儿园环境中需要教师、幼儿、家长做哪些不同的分工，这些都可以在依据幼儿园教育目标的基础上，对幼儿园环境设置做出系统的规划。幼儿园环境在幼儿发展过程中往往起着潜移默化的教育效果。在幼儿园各种活动中渗透教育内容，以便达成教育目标。良好的环境可以为幼儿园各项活动的有效开展做基础的保障，它能够激发幼儿参与活动的积极性。例如，某大班教师为了锻炼幼儿的口头语言表达能力和表演能力，就在室内活动区为幼儿开设了专门的故事表演情境区——小舞台，准备了简单的道具和服装。

（二）有利于促进幼儿身心和谐发展，使幼儿真正成为环境的主人

利用幼儿园环境中宽敞的空间、齐全的设备、丰富的材料可以使幼儿的身体和心理都得到充分的锻炼，优美、整洁的幼儿园环境可以给幼儿带来美的享受，富有探索性的幼儿园环境可以去满足幼儿好奇的欲望，促进幼儿的探究激情，培养幼儿的探索思考能力，规则有序的幼儿园环境有利于培养幼儿的适应能力，和谐融洽的人际关系、心理氛围可以使幼儿感受到宽松、自然、被尊重和被接纳，从而使幼儿真正成为环境的主人，变得更加自信、乐观、积极向上。

（三）有利于促进幼儿与环境之间的良好互动关系

教师通过幼儿园环境中的各种因素传递积极的信息，启发和引导幼儿，在幼儿园环境中充分创设交往互动的机会，促进幼儿与环境之间良好的相互关系。例如：在教幼儿儿童诗的时候，活动室的环境布置可以以儿童诗教学为主题，根据幼儿的发展水平提供儿童诗材料，运用图片、汉字与幼儿共同制作挂件，一方面能够起到装饰环境的效果；另一方面又能在游戏中加深幼儿对儿童诗的理解。这样幼儿会获得一定的满足感，从而也培养了幼儿的操作能力和创造能力。

二、幼儿园环境创设的价值

2012年教育部颁布的《3-6岁儿童学习与发展指南》在"说明"中明确指出：幼儿的学习是以直接经验为基础，在游戏和日常生活中进行的。要珍视游戏和生活的独特价值，创设丰富的教育环境，合理安排一日生活，最大限度地支持和满足幼儿通过直接感知、实际操作和亲身体验获取经验的需要……这充分说明幼儿的学习特点不同，创设良好的教育环境是幼儿园为幼儿学习与发展提供的必需的条件。

（一）可以提高幼儿活动的质量

在明确幼儿园各领域的幼儿发展目标的基础上，应创设丰富多样的幼儿园环境，投入各种质地不同、层次不同、结构不同的活动材料，根据各年龄段幼儿的实际需要，努力创

设能够让幼儿主动投入、积极学习的教育环境。如有的幼儿园把游戏环境具体分为花满园、绿满园、瓜满园、趣满园（包括运动挑战区、大型建构区、沙水区、涂鸦区、亲子阅读区、各班室内、走廊游戏区）。各种区域相互联系，如又分为表现性活动区、探索性活动区、运动性活动区、欣赏性活动区，同时游戏活动进行时融入各种领域的目标。幼儿园环境的丰富给予了幼儿实际参与的机会，提高了幼儿自身参与活动的实际质量，从而为幼儿自身的发展提供了有效的保障。

（二）可以帮助幼儿更好地提高动作、语言、社会交往、情感等多方面的能力

通过幼儿园环境的创设，能够给予幼儿环境的刺激；通过借助丰富的活动材料、充足的活动时间、各具特色的活动区以及环境的合理安排，能够更好地促进幼儿各方面能力的发展。例如，围绕中班主题活动"我爱我家"，教师通过系列活动从"我——爸爸妈妈——我的伙伴——我的邻居"展开。教师邀请幼儿参与角色游戏区的布置，例如家里客厅、厨房的环境创设，回想爸爸妈妈在家庭生活中烧饭、聊天、会友的场景，体验在自己生活中初步建立的社会交往关系，加深了对家庭、对伙伴、对邻居的情感，同时也促进了幼儿语言能力的发展。

（三）可以促进幼儿积极性、主动性和创造性的发展

创设幼儿园环境，尊重幼儿的兴趣和自主性，尊重幼儿的生理特点、心理特点，尊重幼儿的认知与情感的发展水平，充分考虑幼儿的年龄特点，引导幼儿主动学习、主动探索，使主动与客体发生作用，充分发挥幼儿园环境创设的教育价值。如在"我们的海洋"游戏环境布置中，在互动墙上布置了被污染的海洋、被白色塑料缠住脖子的乌龟的照片……在活动间隙时带动幼儿围绕"我们的海洋"（如图1-1）边议论边思考，分组进行交流，从而顺势生成新的主题活动"环保小卫士"（如图1-2），在互动中调动孩子们的积极性、主动性和创造性，使幼儿自发产生创作的欲望。

图1-1 "我们的海洋"环创设计稿

图1-2 "环保小卫士"环创设计稿

【思考与训练】

1. 在学习幼儿园环境理论的基础上，观摩幼儿园环境，试分析幼儿园环境创设的现状。
2. 结合参观幼儿园的实践，谈谈你对幼儿园环境创设各项基本要求的理解。

第二章 幼儿园环境的建构与创设

扫码获取
拓展资源

幼儿园环境是重要的教育资源，高质量的环境创设能够有效促进幼儿的全面均衡发展。幼儿园教育环境创设的目标应符合幼儿教育的总体培养目标。2001年，我国教育部颁发的《幼儿园教育指导纲要（试行）》对幼儿园环境创设的目标提出了以下要求：

第一，幼儿园环境创设应充分满足幼儿的发展需要。幼儿园环境是学前阶段重要的隐性教育资源，幼儿园的空间、设施、活动材料和常规要求等应有利于引发幼儿的游戏和各种探索活动，支持幼儿与周围环境之间积极互动。

第二，幼儿园环境创设应能增强幼儿的社会交往能力。幼儿同伴群体及幼儿园教师集体是宝贵的教育资源，幼儿园环境创设应充分发挥这一资源的作用。

第三，幼儿园环境创设应鼓励幼儿的探索行为，促进幼儿的身心健康发展。教师的态度和管理方式应有助于形成安全、温馨的心理环境，教师的言行举止应成为幼儿学习的良好榜样。

第四，幼儿园环境创设应充实幼儿的生活经验，帮助幼儿形成良好的行为习惯。家庭是幼儿园重要的合作伙伴。教师应本着尊重、平等、合作的原则，在幼儿园环境创设中争取家长的理解、支持和主动参与，并积极支持、帮助家长提高家庭教育能力。

幼儿园环境的概念具有广义与狭义之分。广义上说，幼儿园环境指开展幼儿园教育所必备的所有外部条件之和，包括幼儿园、家庭和社会中一切对幼儿身心发展产生影响的因素；狭义上说，幼儿园环境则指幼儿园内部促进幼儿身心发展的一切物质条件和精神条件的总和。教师、幼儿和家长共同创设和谐美好的幼儿园环境，对促进儿童的身心发展具有重要意义。在幼儿园教育中，环境创设不仅仅是用以美化生活的手段，更是实现教育意图的途径。美好的幼儿园环境蕴藏着独特的教育意图，能够引导幼儿自发的学习行为。开放自主的幼儿园环境，有利于营造平等和谐的师幼关系，对幼儿各方面的长远发展都具有积极作用。

幼儿园环境可以从不同维度来分类。例如，从存在形式上，幼儿园环境可以分为室内环境和室外环境；从表现形式上，可以分为显性环境和隐性环境；从涉及范围上，可分为幼儿园内部环境和家庭、社会外部环境；从组成性质上，可以分为物质环境和精神环境。幼儿园环境具有促进幼儿全面发展的重要功能。首先，幼儿园的物质环境方面，美观大方的幼儿园建筑能带给幼儿丰富的审美教育资源。幼儿园建筑周边的自然环境和社会环境也会对幼儿的认知发展产生影响。其次，幼儿园的精神环境方面，幼儿与教师、幼儿与幼儿之间的和谐关系，能使幼儿学习并体验人际交往的基本态度与社会行为规范，吸收许多适应社会生活所需的有益经验。

总之，幼儿园环境创设应充分激发幼儿各方面的潜力。充分利用自然环境和社区的教育资源，扩展幼儿生活和学习的空间。幼儿园同时应为社区的早期教育提供服务。鉴于幼儿园保教的主要目标及儿童的身心特点，幼儿园的教育内容具有广泛性，包括德、智、体、美、劳多方面的内容。幼儿园环境创设的根本目的，是为幼儿提供适宜的学习生活环境，为其身心全面健康发展创造良好条件。

第一节 幼儿园室内环境的创设

一、幼儿园室内活动区概述

幼儿园的室内活动区是供幼儿自由、自主地发展相关能力的室内场所。相对于常规课程来说，儿童在活动区内开展的游戏活动更加丰富多样，且较少受到教师干预。室内活动区为幼儿提供了相对开放的空间，用于发展幼儿的探索能力、社会交往能力等多方面的能力。

设计幼儿园室内活动区时，应首先依据活动区创设的原则，根据幼儿园教育目标设定室内活动区的范围。根据教育部2012年制定的《3-6岁儿童学习与发展指南》（以下简称《指南》），幼儿园的教育内容是全面的、启蒙性的，幼儿的学习与发展可以概括描述为健康、语言、社会、科学和艺术五大领域。《指南》要求，要关注儿童学习与发展的整体性，注重各领域之间、目标之间的相互渗透和整合，促进幼儿身心全面协调发展，而不应片面追求某一方面或几方面的发展。因此，幼儿园一般常设的活动区包括但不限于：美工区、阅读区、建构区、音乐表演区、棋类区、科学探索区、泥工区，等等。根据各自不同的办园特色，幼儿园也可以创设独具原本特色的室内活动区。

二、常见的幼儿园室内活动区

（一）健康领域的室内活动区创设

健康即身体、心理及社会适应都臻于完美的社会状态。幼儿园健康教育通过有计划、有组织、有系统的教育活动，使幼儿自觉地采纳有益于健康的行为和生活方式，提高幼儿的健康意识，改善幼儿的健康态度，培养幼儿的健康行为习惯。幼儿健康教育的内容包括幼儿身体保健教育、幼儿心理健康教育以及幼儿体育活动等。健康领域的室内活动区包括建构区、沙水区、美工区等，这些活动区能够促进儿童不同类型运动能力发展，提高幼儿的审美意识，促进心理健康发展。

1.建构区环境创设

（1）建构区的活动目标

建构游戏是幼儿利用各种不同的建构玩具或建构材料（如积木、积塑、金属片、泥沙等）通过与建构活动有关的各种动作构造物体形象，反映现实活动的一种游戏。通过建构游戏区的互动（如移动、建造、分类、创造等），幼儿的空间想象力和创造力得到充分发挥，基本动作获得协调发展。在建构游戏的过程中，幼儿的知识经验得以丰富，细心、耐心的性格品质和社会性得到充分发展。

（2）建构区的布局设计

一般来说，建构游戏区不需要放置桌椅，教师可以将地面铺上各式地毯或地垫，因为幼儿在进行建构游戏时往往喜欢趴坐在地上，这样的设置能避免幼儿因为长时间接触冰凉的地面而受凉。另外，建构游戏区的墙面或架子上可以张贴各种激发幼儿想象力的图片，例如建筑图片、乐高模型图等，从而开阔幼儿的眼界，丰富建构的题材，启发儿童的学习和再创造。

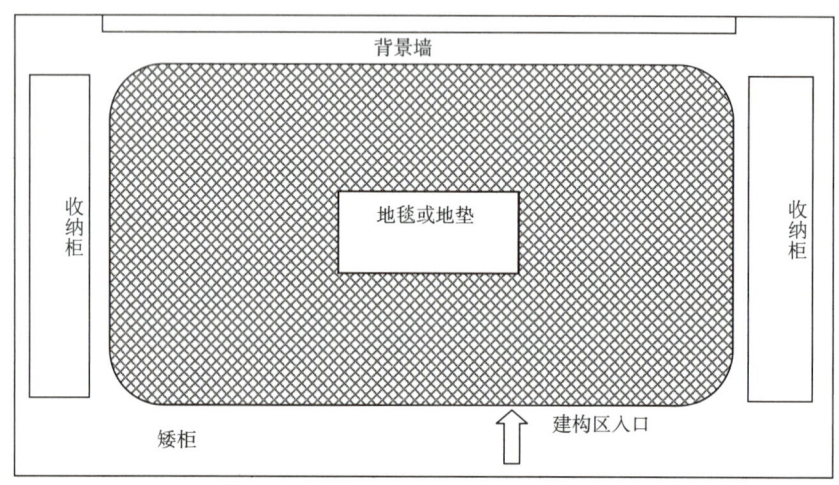

图2-1　建构区场地平面示意图

图2-2　建构区实景图

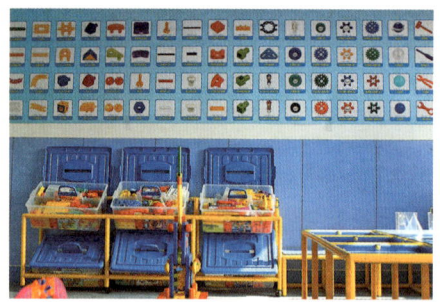

图2-3　建构区材料投放实例

（3）建构区的材料投放

建构区内投放的材料一般包括基本玩具和辅助玩具材料。基本玩具主要有积木、积塑、插片材料等；辅助玩具材料主要是交通玩具、橡皮玩具、木头玩偶等。

建构区的材料投放，应依照不同年龄班级幼儿的特点选择。为小班幼儿准备材料时，要准备种类相对单一、数量充足的玩具材料。对于中、大班幼儿，在活动区中既要提供个人单独操作的材料，也要提供一些能把幼儿聚集在一起进行分工合作活动的材料。建构区的各种建构零件都应存放于固定的储物架或柜子内，储物架和柜子应符合儿童的身体尺度，方便儿童取用和归还玩具。

对于建构区的材料投放以及使用情况，应做好细致的归类与记录，参见表2-1。

表2-1 建构区常见材料及其用途

材料名称	材料用途
积木	用于结构游戏
拼图	用于拼图游戏
带孔珠子	用于串珠游戏
硬纸箱	用于搭建游戏
奶粉桶	用于搭建游戏
小拖车	用于运送材料
……	……

2. 体育活动区环境创设

（1）体育活动区的活动目标

体育活动区可以刺激儿童参与身体的、社会的、装扮的和创造的游戏，并发展所有学习层面（如身体、情感和认知）的技能。在室内条件允许的情况下，幼儿园应尽量在室内、室外分别设置不同功能的体育活动区供儿童玩耍，以确保任何天气条件下儿童都可以顺利开展体育活动。常见的室内体育活动区包括钻爬平衡区、攀爬区、小迷宫、秋千、跷跷板、梅花桩等内容，幼儿园应根据不同年龄阶段儿童的特点，适宜地布置具有近便性、多样性、挑战性和创造性的室内体育活动区，促进儿童的学习与发展。

（2）体育活动区的布局设计

体育活动区的创设要求包含以下几点：

第一、根据不同年龄层次幼儿的需要，合理配置不同种类的体育器材。由于不同年龄层次幼儿的动作发展水平都不同，动作达标的要求也不同，体育器械的设立应将儿童发展的各种因素考虑在内。在布置活动区时，可以按照年龄阶段划分不同区域，每一区域的固定器械，应适应同一年龄层次幼儿运动的需要。例如，对于小班年龄段的幼儿，在区域内应以小型、单个的器械为主，有助于促进幼儿单个动作的发展，也更有利于教师进行个体辅导。

第二、每件体育器材周围应预留出适当的空间，保证儿童有充分活动的空间，并能够随意选择体育器材，自由进行体育运动。

第三、将不同功能的体育器械放置于不同的区域，做到合理布局。

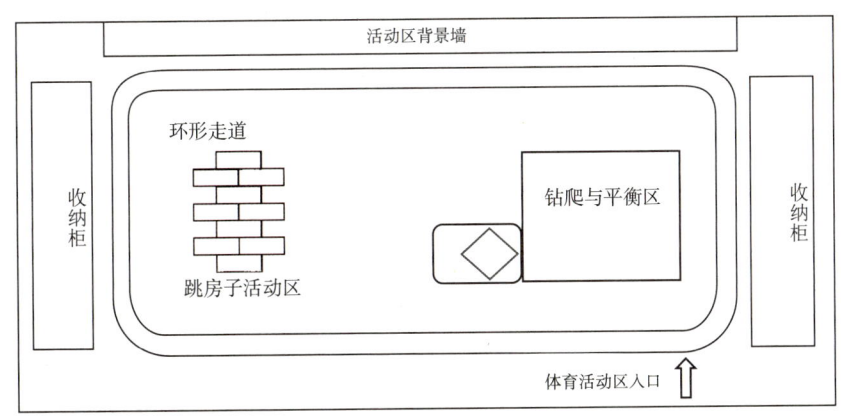

图2-4 体育活动区场地平面示意图

（3）体育活动区的材料投放

体育活动区应该投放供幼儿做体育运动游戏用的各类玩具。例如，皮球、毽子、乒乓球、小沙包、小高跷等小型体育玩具，或者秋千、滑滑梯、平衡木马、玩具城堡和大号EPP积木等大型体育玩具。这些体育玩具均有助于提高幼儿的体育活动兴趣，发展大肌肉、小肌肉的协调性、空间定向能力、敏捷性和勇敢精神。一般而言，受空间条件的限制，室内体育活动区中摆放不下的大型体育活动设施，应根据幼儿园自身的条件，合理布置到户外场地中。

对于体育活动区的材料投放及使用情况，教师应做好归类与记录。表2-2为幼儿园体育活动区的一些常见投放材料及其对应用途。

表2-2 体育活动区常见材料及其用途

材料名称	材料用途
小木马	平衡类玩具
儿童高跷	平衡类玩具
玩具城堡	钻爬类玩具
沙包	抛掷类玩具
跳袋	跳跃类玩具
大型积木	建构类玩具
收纳柜	玩具收纳
……	……

图2-5 体育活动区材料投放实例图

图2-6 体育活动区实景图

（二）语言领域的室内活动区创设

幼儿语言学习是依照一定的方式和顺序、在一定时期里进行的。幼儿时期是人一生中语言发展最为迅速的时期。幼儿园语言类活动区为幼儿提供了丰富的语言教育环境，以听、说、读、写为活动线索，全面促进幼儿口头语言和书面语言的发展。

1. 阅读区环境创设

（1）阅读区的活动目标

幼儿园室内语言活动区主要是为幼儿提供具体的语言素材的实践活动场所，是教师依据儿童语言活动的目标、儿童感兴趣的语言活动材料及活动类型，有目的、有组织地创设语言环境，促进幼儿与材料、环境、同伴之间的充分互动，从而使幼儿获得个性化语言学习与发展的活动场地。语言区的创设及相关的活动为幼儿提供了具体的语言素材和实践条件，以游戏式的环境和多样化的材料，满足幼儿不同的操作兴趣，从而激发幼儿说话和阅读的积极性和主动性。教师应在准备材料上下功夫，通过提供充足的、适宜的材料，有层次性地呈现材料，调动幼儿已有的生活经验，使其在与环境和材料的互动中积极、愉快地开展语言游戏。常见的语言区环境设置主要有：试听角、播音角、阅读角、故事表演角等。

（2）阅读区的布局设计

阅读区一般设置在光线充足的地方，并配有适合幼儿阅读特点的书架和桌椅，地面铺设毯子或地垫等。阅读区是能够让幼儿静下心来培养其阅读能力的地方。较为柔和的冷色调可以使好动的孩子平静下来，明亮的浅蓝色和黄绿色有利于吸引幼儿的注意力，但书架不宜选择过于阴暗的颜色，以免造成幼儿的情绪消极低落，从而丧失阅读的欲望，教师可选用柔和的暖色调加以调配，阅读区的整体色调要和谐，为幼儿创设能安静、专注的环境。

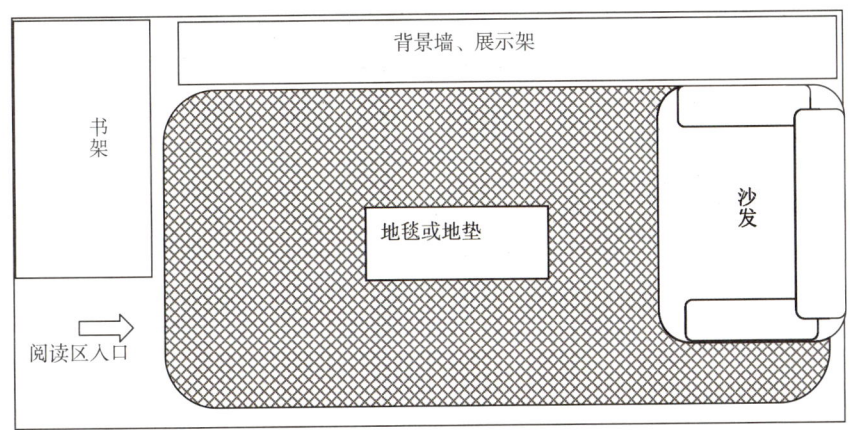

图2-7 阅读角场地平面示意图

（3）阅读区的材料投放

阅读区的材料投放，应注意图书种类的多样性与语言活动场景的灵活性。阅读区适宜摆放各种大小、厚薄、质地不一的图书，让幼儿接触不同类型的图书。同时，图书要经常更换，选定一些"图书管理员"，组织"绘本展览"小活动，鼓励幼儿把家里的图书带到幼儿园一起分享，让幼儿相互讲述自己熟悉的故事，介绍自己的图书，保持幼儿对图书的新鲜感。

语言活动场景的灵活性能为幼儿的语言交往提供不同的游戏化情景。常见的转化形式有试听角、播音角、阅读角、故事表演角等。教师利用不同区角的情境以及游戏内容的情感体验，辅之以多样化的语言区域情景和材料，可以激发幼儿语言活动的胆量和热情，并能够让幼儿在发现问题和提出问题的同时，学会运用情景和材料找到答案，并与同伴分享。

图2-8 阅读区实景图

对于阅读区的材料投放以及使用情况，应做好细致的归类与记录，见表2-3。

表2-3　阅读区的材料投放及用途

材料名称	材料用途
地毯	地面铺设
沙发	摆放在适宜的位置
靠枕	摆放在适宜位置
绘本	供幼儿阅读使用
台灯	营造适宜的阅读氛围
书架	摆放在适宜位置
毛绒玩具	以绘本中的经典形象玩偶为主，摆放在适宜位置
绿植	摆放在适宜位置，清新空气
……	……

图2-9　阅读区材料投放实例图（1）

图2-10　阅读区材料投放实例图（2）

2.娃娃家环境创设

（1）娃娃家的活动目标

娃娃家是一种经典的角色扮演游戏。在社会性发展的过程中，幼儿会自然而然地产生模仿成人的意图和行为。例如，幼儿会扮演不同职业的成人——开飞机的机长、小卖部的店员、超市的收银员等。在种类丰富的幼儿角色扮演游戏中，娃娃家是最广受欢迎的一种。在扮演爸爸妈妈角色的过程中，一方面，幼儿的社会性行为得以发生，另一方面，也进一步拉近了幼儿与父母间的距离，使幼儿有机会通过模仿父母的言行来体验亲子关系和社会生活。娃娃家等角色扮演游戏活动不但是幼儿表达情感的不可或缺的途径，而且对于幼儿的语言及社会性的发展也能起到良好的促进作用。

（2）娃娃家的布局设计

娃娃家是幼儿园最常见的角色区。在区域内，儿童应当享有充裕的活动空间，物品与设备排列整齐，方便幼儿取用。

娃娃家的创设要求：

第一、为幼儿提供用以挂各种服饰和道具的衣架或衣钩。

第二、娃娃家的布置需要一张桌子和一些椅子，以营造温馨的氛围。

第三、提供不同性别、职业的服饰与道具，营造

图2-11　娃娃家实景图

性别平等的游戏氛围。

第四、在各种生活用品和游戏材料上贴上标签，有助于幼儿文字符号意识的发展。

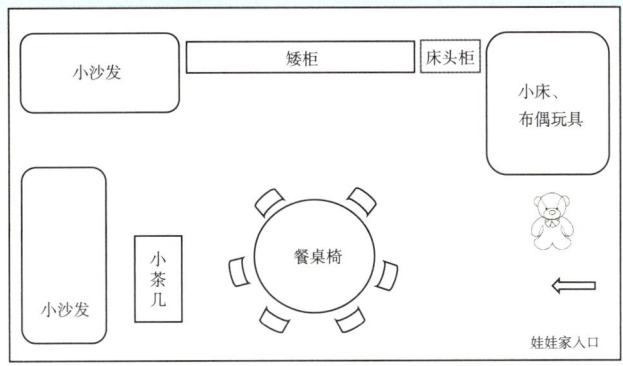

图2-12　娃娃家场地平面示意图

（3）娃娃家的材料投放

各类布偶玩具是娃娃家活动区最为常见的材料之一。布偶是娃娃家角色游戏中的重要道具，能够丰富角色游戏的情节，增强儿童的性别角色意识。因此，教师应在娃娃家活动区内提供不同性别、不同样貌的玩具娃娃，并给娃娃配备多套服饰和生活道具供儿童游戏时选择。

除了布偶娃娃玩具外，教师还可以为娃娃提供小床、家具、餐具等环境布置内容，促进儿童角色扮演游戏的开展。需要注意的是，娃娃家中的各类玩具道具的尺寸应当符合儿童的身体尺寸，方便儿童开展游戏使用。表2-4为幼儿园娃娃家活动区的常见投放材料及其对应用途。

表2-4　娃娃家活动区常见材料及其用途

材料名称	材料用途
小摇篮/小床	角色扮演游戏道具
桌椅等家具	角色扮演游戏道具
餐具、炊具	角色扮演游戏道具
玩具布偶	角色扮演游戏道具
娃娃换的服装	角色扮演游戏道具
收纳柜	道具、玩具收纳
……	……

图2-13　娃娃家材料投放实例图（1）

图2-14　娃娃家材料投放实例图（2）

(三)科学领域的室内活动区创设

科学区是为了培养幼儿对科学的初步兴趣,满足幼儿对生活中常见现象的探索欲,并获得一定的探索经验和生活认知的活动区域。科学领域的室内活动区包括自然角、益智区、科学探索室、建构区等等。科学区的材料投放应体现不同难易程度、不同层次、丰富多样的原则,且具有较强的观赏性与操作性。

1. 自然角环境创设

(1)自然角的活动目标

自然角是幼儿园的一种科学教育活动场所,也是方便幼儿进行最为直观的植物认知科学教育活动的场所。在自然角中,幼儿可以自由展开观察和探索实验,促进其认知能力的发展。

(2)自然角的布局设计

自然角在活动室内所占的面积比例较小,所需材料简单易备,适合各年龄班的儿童使用。在教室外的走廊或窗台上,可放置一些植物,既便于幼儿观察,也可以节省活动室内的空间。自然角的陈列高度应适合儿童的身体尺度,便于儿童随时观察、接触。

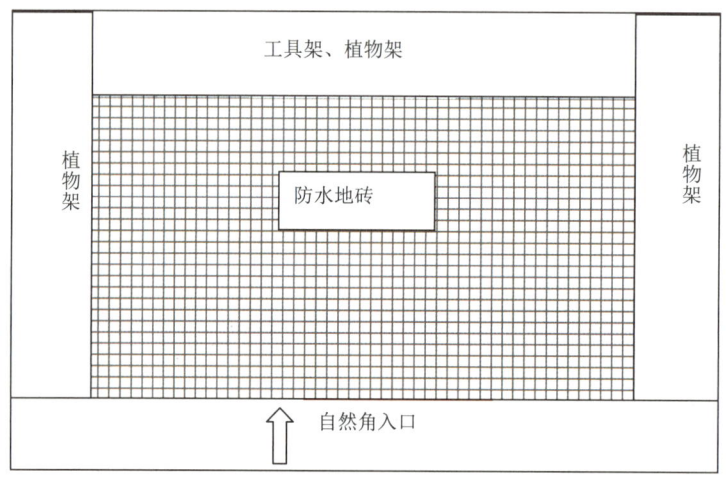

图2-15 自然角场地平面示意图

图2-16 自然角实景图(1)

图2-17 自然角实景图(2)

（3）自然角的材料投放

自然角的活动有观赏观察、实践实验等多种形式，提供的图片、模型、实物等材料必须根据教育目标、教学计划、季节特征、当地实际和各年龄班的具体要求进行增减取舍，具体可包括以下几个方面：

图2-18　自然角材料投放实例图

第一，观赏类动植物。观赏类的动植物主要起美化环境的作用，图片或模型可选择一些色彩鲜艳、造型逼真的动植物品种，突出其知识性和观赏性。植物盆栽则宜选择一些常见的、易于生长、易于照料的植物品种，方便区域的日常管理。

第二，观察类植物。这些植物主要用于幼儿观察。图片、模型可以提供放大的苹果、梨、香蕉、橘子、杏、李子、柿子、椰子等水果图片或仿真模型。实物观察材料可选用日常生活中常见的，且容易引起幼儿观察注意的物品，如一些植物果实和种子标本。

对于自然角的材料投放以及使用情况，应做好细致的归类与记录。存放标本、种子等材料的器皿应用透明的玻璃小瓶或透明袋封装，贴上标签，摆放在相应的位置。表2-5是自然角区域的常见材料及其用途。

表2-5　自然角的材料投放及用途

材料名称	材料用途
盆栽花卉	供观赏用
热带鱼	供观赏用
仿真水果模型	供观察、玩耍使用
仿真动物模型	供观察、玩耍使用
各种植物种子	供观察用
废旧罐头盒	用于种植小型植物
喷壶	用于种植植物
小铲子	用于种植植物
小动物	用于饲养、记录
……	……

2.益智区环境创设

（1）益智区的活动目标

在益智区内，儿童能利用多种玩具材料来感知、探索、形成知识，发展思维与智力。通过积极的思维活动，激发他们战胜困难、挑战自我的勇气，促进思维和认知水平发展。益智区内丰富的玩教具材料能满足幼儿的动手需求，促进感官灵敏性和手指灵活性的发展，提高生活自理能力，为将来的生活打下基础。另外，益智区幼儿互相分享经验的过程，也能够加强同伴间的合作性与亲密性。

（2）益智区的布局设计

益智区的玩具包括益智玩具和结构玩具两大类。益智玩具包括特定的问题和任务，要求幼儿在动手的过程中发现问题，探索解决问题的方法，对于幼儿的数学学习和智力发展具有重要意义。益智区的常见活动包括拼图、串珠、图形盒、小积塑等等。此外，结构玩具可以让幼儿根据自己的想法自由拼插建构，有益于儿童想象力和创造性的发展。因此，教室空间大、玩具多的班级，可以分设益智玩具区和结构玩具区。

益智区一般配有若干桌椅、置物架、地毯，供儿童进行不同类型的探索活动使用。

图2-19 益智区实景图

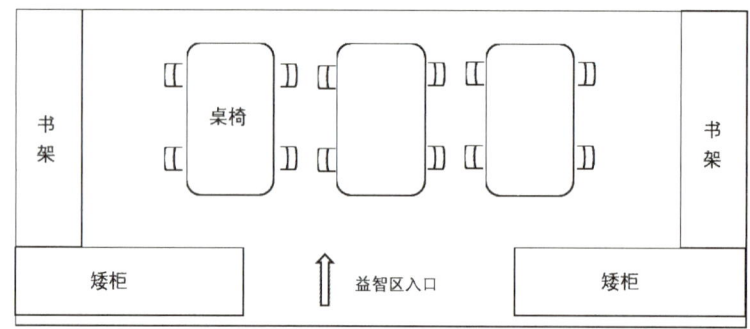

图2-20 益智区场地平面示意图

（3）益智区材料的投放

益智区是通过促进幼儿主动感知、思考、操作与交流，探索发现自然界各种现象与背后原理的活动区。在益智区中，幼儿思维和智力的发展离不开教师为其提供的充足空间与丰富材料。除了一些园内配发的益智玩具外，教师可以适量投放自制益智玩具。例如拼图、数字对应卡、颜色分类器、各类棋子、走迷宫、磁铁翻翻卡、形状小屋等。丰富多样的益智材料不但能吸引儿童的注意力，也能提升儿童的科学探索兴趣。

在益智区投放材料时，要注意体现不同玩具材料的引导性、挑战性、生活性，并充分保障材料使用的安全性。表2-6为幼儿园益智区常见的材料投放种类及其对应用途。

表2-6 益智区材料投放及用途

材料名称	材料用途
手电筒	科学探索活动
纸杯	科学探索活动
磁铁	科学探索活动
木棒	科学探索活动
安全剪刀	科学探索活动
各类植物种子	认知活动
动物、植物标本与模型	认知活动
儿童科普读物	科普阅读
……	……

 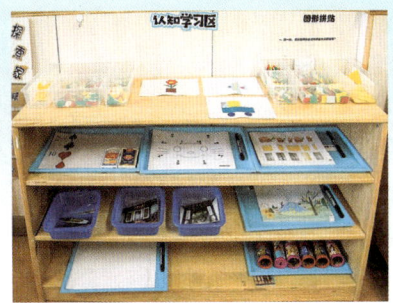

图2-21　益智区材料投放实例图（1）　　图2-22　益智区材料投放实例图（2）

（四）社会领域的室内活动区创设

1. 表演区环境创设

（1）表演区的活动目标

表演区是幼儿运用语言、动作和表情进行表演游戏的活动区域。表演游戏在幼儿园教学中的运用很广，对幼儿语言的发展、想象力的提高十分有益，同时还能使幼儿得到艺术美的享受，发展审美能力，提高艺术素质。教师应为幼儿积极创设表演游戏环境，并投放合适的材料，使儿童通过扮演童话剧、歌舞剧、木偶剧、皮影戏中的角色，充分发展想象力和综合艺术素养。

（2）表演区的布局设计

表演游戏是深受幼儿喜爱的游戏之一，它是幼儿以故事为线索展开的游戏活动。表演区可以分为故事表演、歌曲表演、舞蹈表演、乐器演奏、木偶表演等等。表演区应为幼儿提供各种表演道具、各种乐器及表演作品的画面提示等。表演区一般也需要较为宽敞的空间，并配备幕布、音响、镜子、头饰、灯光、乐器存放架等内容。

图2-23　表演区实景图

由于儿童在表演游戏中往往会有较多肢体动作，因此表演游戏区创设需要较大的空间。在表演区内，教师可以视班级情况将活动区划分为几个不同类型的小区域，如故事表演区、乐器演奏曲、歌舞表演区、装扮区、道具制作区等。

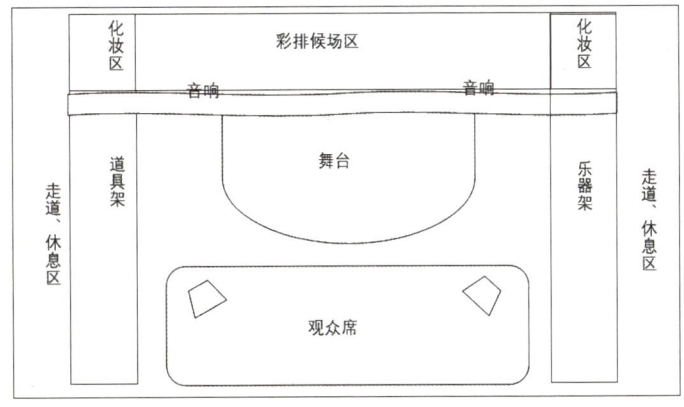

图2-24　表演区场地平面示意图

（3）表演区材料投放

表演区一般会投放各类服饰道具，如头饰、民族服饰、职业服饰等。此外，表演区还需提供乐器、音响设备和灯光设备。为方便收纳和保持整洁，表演区一般会设置安全的、贴有标签的、供存放乐器的墙板或置物架。表演区投放的影音设备，在长时间不使用时，要盖上电源盖，避免儿童触及电源引发危险。另外，由于表演区声音较大，因此在室内环境的整体规划中，不宜与阅读角、科学区等安静的活动区域相邻。教师在指导幼儿进行表演区活动时，要首先确定表演内容，分配角色，再让儿童展开表演，并适时地加以指导。

对于表演区的材料投放以及使用情况，应做好细致的归类与记录。表2-7是表演区的一些常见材料及其用途。

表2-7 表演区材料投放及用途

材料名称	材料用途
镜子	用于化妆准备
化妆品（非真实化妆品）	用于化妆准备
假发	用于化妆准备
丝带	用于制作服装、头饰
发卡	用于化妆准备
帽子	用作表演道具
墨镜	用作表演道具
面具	用作表演道具
泡沫板	用作表演道具
……	……

图2-25 表演区材料投放实例图（1）　图2-26 表演区材料投放实例图（2）

2. 角色扮演区环境创设

（1）角色扮演区的活动目标

角色游戏利用微缩的仿真环境，帮助幼儿模拟和再现各种现实社会中的生活场景，让幼儿在游戏过程中熟悉社会日常生活。教师在设计与布置角色游戏区环境时，应利用各种材料，通过精心设计、巧手制作，为幼儿呈现一个仿真的游戏活动环境，让幼儿在温馨愉快的游戏环境中开展活动。

（2）角色扮演区的布局设计

第一、角色扮演区要选择日常生活中最为常见，且受到儿童喜爱的场景作为主题进行布置，拓展幼儿的生活经验。

第二、角色扮演区的道具种类应尽量丰富，道具的尺寸应符合儿童的活动需要。例如，"美味餐厅"角色扮演区的各类食材、炊具及操作台的尺寸应方便儿童使用，便于儿童模拟简单的食物加工与制作，获得初步的生活经验。

第三、角色扮演区的布置要注重区域活动材料的管理与收纳。尤其是对于含有细小零部件的玩具、道具，教师应妥善收纳，并在开展游戏活动时确保道具使用的安全性。

图2-27展示了角色扮演区（小超市）的一种布置方案，需要注意的是不同主题的角色扮演区的布置也不尽相同，可依据实际情况调整。

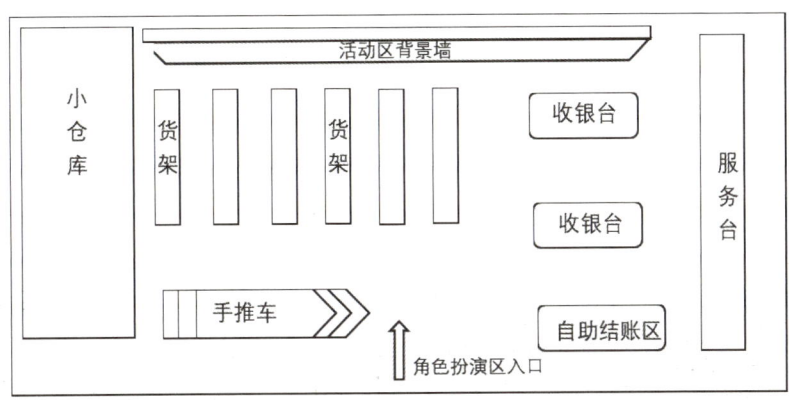

图2-27　角色扮演区平面示意图

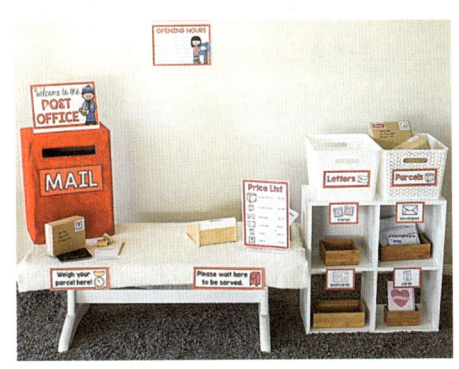

图2-28　小小邮局实景图

图2-29　甜品店实景图

（3）各类主题角色扮演区的材料投放

角色扮演区是儿童装扮自身与他人，并进行不同角色的扮演游戏的活动区域。在角色扮演区中，儿童将模仿与再现日常生活中观察到的事物和情景，尝试从不同角度了解、体验并塑造真实世界中多姿多彩的人生。在角色扮演区域中，教师应为儿童提供种类丰富的道具，充分满足儿童扮演不同场景、不同人物的需要。

随着儿童生活经验的拓展，其角色扮演需求随着年龄增长而增加，因此，在角色扮演区中，有必要为儿童设置专门储存各类服装道具用的道具箱或小仓库。小仓库主要用于储存角色扮演区服装道具的用途，可以一定程度上解决室内空间不足，无法展示过多玩具、道具的问题。表2-8为幼儿园角色扮演区（小小超市）的材料投放及其用途。

表2-8 角色扮演区材料投放及用途

材料名称	材料用途
仿真水果模型	角色扮演道具
仿真面点模型	角色扮演道具
饮料机	角色扮演道具
收银机	角色扮演道具
贩卖机	角色扮演道具
手推车	角色扮演道具
小喇叭	角色扮演道具
制服马甲	角色扮演道具
……	……

图2-30 主题角色扮演区材料投放图（1） 图2-31 主题角色扮演区材料投放图（2）

（五）艺术领域的室内活动区创设

艺术活动是最能打动儿童心灵的活动，是人们感受美、表现美和创造美的重要活动形式。艺术领域的活动区包括绘画工坊、泥塑区、剪纸区、音乐区等，这些活动区为幼儿提供了充分展露个性、表达内心情感和艺术天赋的舞台。

1. 音乐区的环境创设

（1）音乐区的活动目标

音乐活动的目标是令幼儿喜欢音乐活动，在音乐活动的过程中感到身心的愉悦。在区域活动的开展中，幼儿能跟随熟悉的音乐节奏做出身体的动作。此外，音乐区配备的多种乐器能帮助幼儿认识简单的乐器种类，并利用简单的打击乐器为二拍、四拍乐曲伴奏。在音乐活动中，儿童的身体动作与整体灵活性、协调性得到有效发展。

（2）音乐区的布局设计

幼儿园音乐区的位置要具有相对独立性。由于音乐活动声音较大，如果把音乐区设置在教室的中心区域，对其他区域活动的孩子影响较大，容易分散他们的注意力。音乐区最好位于教室角落，并与建构区、阅读区等安静的区域相隔较远。此外，音乐区的布置要具有

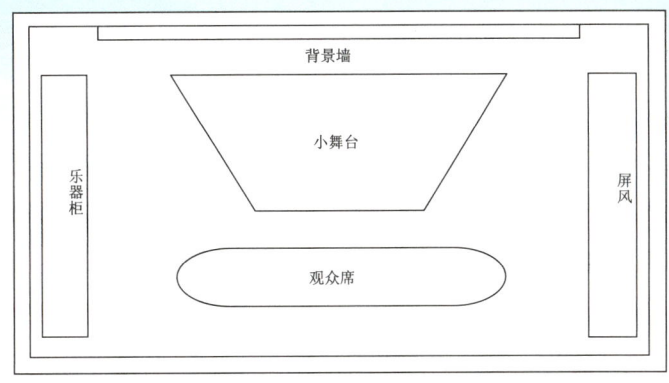

图2-32 音乐区场地平面示意图

舒适性和趣味性。音乐活动需要一定的空间,并用幼儿喜爱的配饰进行装饰。在区域分割上,可以采用美观的屏风、栅栏,或者在地上划出区域的分界线。

(3)音乐区的材料投放

音乐区需要配备各种打击乐器、音乐播放器、音像资料、简谱,以及区域材料摆放标识等。在投放音乐区材料时,需要注意以下几点:第一,音乐材料的投放要能建立游戏之间的互动性。在开展区域活动时,要尽量加强不同区域活动之间的联系。第二,投放材料的数量要适宜。音乐区活动材料并非多多益善,而应精选种类,从本班幼儿的身心特点出发,做出科学的选择。

对于音乐区的材料投放以及使用情况,应做好细致的归类与记录。表2-9是音乐区的一些常见材料及其用途。

表2-9 音乐区材料投放及用途

材料名称	材料用途
铃鼓	伴奏乐器
竖笛	伴奏乐器
三角铁	伴奏乐器
手花	服装道具
头饰	服装道具
半脸面具	服装道具
电钢琴	伴奏乐器
儿童椅	教学用具
……	……

图2-33 音乐区实景图

图2-34 音乐区材料投放图

2.美工区环境创设

（1）美工区的活动目标

美工区是幼儿园各个班级中最常创设的一类活动区。在美工区内，幼儿可以操作各种材料，按照自己的意愿和兴趣用绘画、手工形式自由表达独特的情感体验，充分享受艺术创作的乐趣，获得精神上的满足。

（2）美工区的布局设计

美工区的创设要求包含以下几点：

根据空间情况设置，如果空间充足，可以将美工区分隔为若干个小区域，如绘画区、折纸区、泥工区等。如果空间狭小，可分阶段更换和投放美工材料。

美工区可以悬挂各类美术作品如绘画、雕塑、剪纸作品，还可以放置绘本书籍等。教师应定期更换区域中的美术作品，让幼儿有更多机会了解不同风格流派的艺术作品。

美工区外围可用矮柜、画架、晾晒架、储物箱等物品分隔开来，区分该区域与其他活动区域的边界。

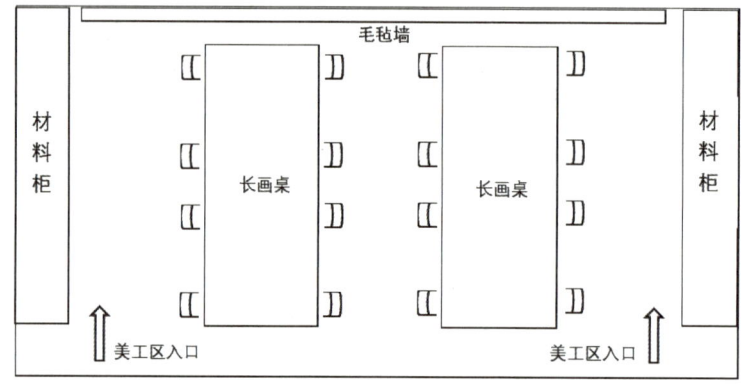

图2-35　美工区平面示意图

（3）美工区的材料投放

儿童的美术活动离不开多种美术工具材料的支持。通过探索与尝试各种不同类型的美术材料，儿童可以表达自身的情感与想象，同时，丰富多样的物质材料也可以激发儿童动手创作的愿望。因此，教师应在美工区内为儿童提供多种类的美术活动材料，以激发儿童的活动热情，促进儿童美术兴趣与美术能力的发展。

在美术活动区内，教师可以投放欣赏类与绘画类的材料。欣赏类材料主要包括供儿童欣赏的美术品，例如平面图片、画册、绘本、工艺品等。绘画类的材料包括传统绘画媒材和非传统绘画媒材，传统媒材包括笔、颜料、纸张、容器、画架、围护和清洁用品等，而非传统绘画媒材则包括各种废旧材料、日用品、自然物等一切可以在底材上留下画痕的非传统绘画工具。

表2-10为幼儿园美工区的材料投放及其用途。

表2-10　美工区材料投放及用途

材料名称	材料用途
各类纸张	美术活动
笔	美术活动
无毒颜料	美术活动
容器	美术活动
画架	美术活动
围裙	美术活动
纸胶带	美术活动
白乳胶	美术活动
树叶	美术活动
旧报纸	美术活动
……	……

图2-36　美工区材料投放图（1）

图2-37　美工区材料投放图（2）

第二节　幼儿园户外环境的创设

一、幼儿园户外空间环境概述

户外环境是幼儿园环境的重要组成部分，对幼儿高质量地学习、成长和生活有着重要的意义和价值。《指南》指出："幼儿每天的户外活动时间一般不少于2小时，其中体育活动时间不少于1小时，季节交替时要坚持。"幼儿园户外环境创设为幼儿的户外活动提供了条件和保障。安全适宜、内容丰富的户外环境对幼儿的游戏、运动、探索都起到良好的促进作用。

幼儿园户外环境创设内容主要包括园门及围墙、园区绿化、户外活动场，等等。由于幼儿园内所有的设施、材料、规划等都应体现幼儿的需要，因此，园所内的户外环境创设不仅要符合美观舒适的要求，还应该充分体现"以儿童为本"的教育理念，让儿童在幼儿园的户外环境中倍感舒适，并能够得到美的熏陶。

二、常见的幼儿园户外活动区

（一）绿化种植区

幼儿园环境绿化工作有着多种意义。广植绿色植物可以净化空气，美化环境，防止水土流失。幼儿园环境绿化既能保护和改善环境，又能促进师生的身心健康。绿色植物是新鲜空气的加工厂、卫生消毒站和天然除尘器。常见的绿化用树，例如臭椿、香樟、女贞等，都具有一定的杀菌能力。此外，绿色植物还可以吸收噪音，减弱声波，改善气候。

环境绿化的基本方法是广植树木、多种花草。树木尤其是常青树科对环境产生的作用效果最好，因而植树是环境绿化的首选，但其成本较高且周期较长；藤本植物的绿化效果也不错，只是要结合园区建筑设计综合进行。

图2-38　自然种植区

图2-39　戏水玩沙区

（二）戏水玩沙区

戏水玩沙是幼儿非常喜爱的游戏活动。幼儿园应创设适宜的条件，为幼儿提供与这些自然材料亲密接触的机会。戏水玩沙区的造型应讲究实用性，高度以幼儿为标准。在戏水池中放一些活动器件，如滑梯之类，可增添不少游戏趣味。在玩沙区域，教师应积极提供材料，例如木制小动物、轮胎或塑料小桶之类。所有的材料、器械、工具必须无棱角锋刃，保证绝对安全。通过戏水、玩沙，既满足了幼儿建构知识的需求，又锻炼了他们的身体协调性，也能培养他们对自然科学探索的兴趣。

（三）动物饲养区

引导幼儿感受生命和珍惜生命是幼儿教育的目标之一。幼儿园动物饲养能为幼儿提供观察和感受小动物生长变化过程的机会，从而感受到生命的存在和意义，感受到儿童自身与小动物之间的联系。因此，动物饲养活动作为幼儿园课程的重要内容，是实施生命教育的重要途径之一。

动物饲养区的位置规划既可以分散在教室内的区角布置中，也可以在幼儿园适宜的地区单独开辟出一块空地进行饲养，还可以与幼儿

图2-40　动物饲养区

园的室内外自然种植区进行融合布置。若将动物饲养区布置在室内,则饲养对象应以性格温顺、对儿童不具有攻击性和伤害性的小型动物为主,例如乌龟、金鱼、小兔子、小蝌蚪等。若将动物饲养区布置在室外,则可以结合幼儿园的实际情况酌情选择体型相对大一些的温顺的动物品类。例如,一些幼儿园会在户外动物饲养区饲养孔雀、天鹅、小矮马、迷你猪等。

(四)户外涂鸦区

户外涂鸦区配备了多种多样的美术工具和材料,如各类画笔、刷子、颜料、泥工工具以及用来涂鸦绘画的瓶瓶罐罐、树枝树叶、木片竹筒、桌椅板凳、石头砖瓦等自然材料,设置有黑板墙、乳胶漆墙面等涂鸦空间,还设置了用空心砖与木板搭建的操作桌、材料架、作品展架等,以及供幼儿调颜料、洗刷工具用的水源。户外涂鸦区轻松愉快的创意氛围让幼儿充满兴趣,充分地感受美、欣赏美,自由、大胆地表达美,体验美术活动带来的满足与快乐。

图2-41　户外涂鸦区

第三节　幼儿园公共环境的创设

一、幼儿园公共环境概述

幼儿园公共环境主要包括门厅、走廊、楼梯、活动室等空间。作为幼儿园环境的组成部分,公共环境在建筑性质和功能上更具特殊性,公共环境创设不但要能满足保教需求,适应儿童的身心发展需要,而且要能体现场所的特殊性质。每位幼儿在幼儿园都是平等的,幼儿园公共区域环境性质应该是开放性的,让孩子们在环境中能够与同伴玩耍,同时学会尊重与合作。教师可以在公共区域根据幼儿的需求和愿望来设置娃娃家、医院、超市等区角,为了让他们更多地了解人际关系,初步学会处理人际关系,形成自我意识,学习与不同的人交往,从而让幼儿有责任感和荣誉感。在幼儿园的公共环境中设置游戏活动区,拓宽了儿童在园游戏的空间,扩大了幼儿的交往范围。总之,幼儿园公共环境创设对幼儿有着不可忽视的作用,一个优美整洁、充满童趣、自由宽松的幼儿园公共环境才能更加有利于幼儿的成长。

二、常见的幼儿园公共环境要素

(一)园门及围墙

园门及围墙是幼儿园的名片,决定着人们对于幼儿园的第一印象。幼儿园的园门上应明确标出幼儿园名称,方便人们辨认幼儿园。园门和围墙首先应该具备保护园内师幼安全的功能,然后再考虑采用儿童喜爱的造型和色彩进行美化装饰。在幼儿园园门的两侧,可以设置展板或橱窗,对外展示幼儿园的办园理念、教育特色,或获得的相关荣誉,使人们在幼儿园门口就能对幼儿园产生良好的直观印象。

（二）门厅

门厅是幼儿、家长、教职员工等进出人员的必经之地，是幼儿园的"门面"，也是面向家长展示特色的重要窗口。门厅环境的创设代表了一所幼儿园的教育理念和教育品位，因此，许多幼儿园会将园本教育理念和园本文化融入门厅的设计中，提升空间的意境与内涵。

幼儿园门厅的空间一般较为宽敞，在装饰时可以采用大型装饰壁画，也可以通过设置橱窗、展柜，或陈设幼儿美工作品柜进行布置。门厅是进入室内的第一个缓冲区域，可以起到出入过

图2-42　南京溧水实验幼儿园门厅环境

渡、短暂停留和人群分流的作用。门厅的墙面可以采用幼儿喜欢的卡通形象或色彩明亮的风景画作背景，也可以提炼幼儿园的教育理念和园训口号展示在墙面上。门厅的地面可以加上装饰性图案或指示性标牌。如图2-42中的门厅，颜色柔和协调，整体简洁大方，方便出入，又能够展示幼儿园的一些信息，很好地体现了门厅的功能。

（三）楼梯与走廊

楼梯和走廊分别是连接幼儿园建筑水平层与垂直层不同楼层活动室的行走通道。因此，走廊与楼梯的环境创设应首先应具备安全条件与实用功能，在不影响行人安全有序通行的前提下进行装饰。

走廊对于幼儿和教师具有不同的意义。对于教师来说，走廊拓展了活动室的空间，而对于儿童来说，走廊是他们奔跑、游戏、放飞自我的空间。由于幼儿每天都要多次经过走廊，在走廊展示的内容可多次、反复作用于幼儿，因此，幼儿

图2-43　南京溧水实验幼儿园走廊环境

园走廊可以用于布置幼儿的作品，作为立体展厅使用。此外，教师也可以在走廊的墙壁上布置生活与科学小常识，促进幼儿的学习。

空间较为宽敞的走廊可以设置为幼儿的活动区，利用一些家具或玩具架进行活动区域隔断，而狭长的走廊则可以设为展示区，设置各类橱窗、展示栏展示师生的书画、手工作品。在狭长的走廊中，可以适当安排能够凑近观察的装饰。这类装饰画面的画幅较长，与墙面的宽幅相匹配，且墙饰内容要适宜近看，便于幼儿观赏。在走廊的转弯处，可以安排适合远距离观赏的装饰物。有的幼儿园走廊的墙面虽然较长，但被多扇窗户分隔为若干区域，这时可以在相邻的窗户之间安排主题上具有联系的多幅画面作为装饰。

走廊的装饰要注意季节性及整体性。季节性原则是指教师应根据不同的教育需求，及时更换走廊的装饰物。例如，根据一年四季的季节安排不同的走廊装饰风格或根据不同的节日安排装饰风格等。同时，走廊的布置还要与幼儿园整体装饰风格保持一致，从造型到

色彩搭配都需要趋于统一，切忌色彩杂乱无章、眼花缭乱。此外，幼儿园走廊的装饰首先要以安全性为前提，任何装饰都要在不妨碍儿童使用楼梯功能的前提下进行布置。

楼梯的环境创设宜简不宜繁。一般不需要在楼梯的两侧和天花板布置过多种类的材料或色彩，以免儿童在上下楼梯时注意力分散，造成安全事故。在进行楼梯环境布置时，首先要注意不能太多、太满，而是要根据具体的楼梯环境做合适体量的布置。其次，楼梯环境创设要选择高质量的装饰素材。例如经典的大师美术作品元素、民族装饰图案元素或幼儿美术作品元素，等等。选用的素材既要注重环境装饰的观赏价值，又能突出园所环境中的儿童感。

（四）活动室

活动室是幼儿园教学资源环境的重要组成部分，是儿童开展各类活动的常用场所。按照使用功能区分，幼儿园活动室可以分为多功能活动室、专用活动室和班级活动室。

一般而言，多功能活动室的室内空间较为开阔，可供儿童开展音乐、体育、游戏、观摩、集会等多种不同的活动。当幼儿园承办大型会议会节庆活动时，多功能室也可以用作汇报展演的舞台。

专用活动室是幼儿园根据教育教学需要，专门创设的具有特定功能的室内活动空间。例如，幼儿园常设的专用活动室包括美术馆、绘本馆、生活馆、木工坊，等等。这类专用活动室常与幼儿园的特色教育活动结合紧密，使用的频率也比较频繁。

班级活动室是教师与幼儿开展集体活动和日常生活的主要环境。幼儿园班级活动室通常规划布置的区域包括：学习区、生活区以及活动区。学习区域主要用于幼儿进行集体教育活动，应配备足够数量的桌椅和玩具；生活区域包括盥洗室、睡眠区和就餐区；自由活动区域主要用于幼儿进行各领域的游戏活动，应投放符合幼儿兴趣与年龄特点的活动材料。

图2-44　幼儿园建构游戏活动室　　图2-45　幼儿园合唱表演活动室

（五）悬挂装饰

悬挂物是幼儿园环境布置中的重要饰物。幼儿园悬挂物的种类丰富，制作的材料也五花八门，例如风铃、灯饰、风筝、纸花纸彩等，都可以作为幼儿园的悬挂装饰。教师可以利用废旧材料自制悬挂物，例如，绉纸、蜡光纸、包装袋、彩色铝金纸以及各种废旧物品回收再利用（包括饮料瓶、方便面盒、吸管、包装盒等），都可以成为幼儿园悬挂装饰物的制作材料。

在布置悬挂物时，悬挂的位置不可随意设定，否则会造成视觉上的混乱。一般而言，在走廊上方，各类活动室和幼儿园门厅中，可以适当悬挂一些装饰物，点缀室内顶部空间。根据布置悬挂物的区域环境和教育目的不同，可以选用不同的装饰材料。例如，幼儿园开展大型庆祝活动时，悬挂物以制造活泼、热情的气氛为主，色彩应更加鲜明亮丽，可以悬挂红灯笼、彩纸、彩灯、轻质花卉等。根据不同的教育需求，幼儿教师应配合本阶段教学内容来调整活动室或教室内的悬挂物。例如，根据节气安排适合当下季节性的悬挂装饰，或者根据不同节日安排具有纪念性的悬挂装饰，等等。

幼儿园的悬挂装饰需要定期更换或清洗，并定期核查其悬吊的牢固性和安全性，避免因为悬挂时间过久，疏于管理而发生坠落伤人的情况。此外，悬挂装饰的高度不能过低，以不妨碍室内采光和行人正常通行为宜，避免影响幼儿游戏活动的开展。在色彩搭配上，悬挂装饰的布置应与整体环境色彩相和谐。

【思考与训练】 以下是某幼儿园主题活动"祖国妈妈我爱你"的门厅墙饰设计参考图。请以《我和我的祖国》为主题，绘制一幅原创幼儿园门厅墙饰设计图，并简要阐述你的设计思路。

图2-46　门厅墙饰设计参考图

第三章 体现园本特色的幼儿园环境创设

扫码获取
拓展资源

日本的藤幼儿园以其无墙壁、无阻隔、无界限的"甜甜圈"圆顶户外环境设计而备受关注，其环境创设理念充分体现了蒙台梭利以儿童为本的教育理念；意大利瑞吉欧的艾米利亚小镇，因其创新的教育理念与环境设计相融合的公共儿童保教体系而成为世界闻名的教育小镇；中国浙江安吉县的幼儿园因充分利用地区资源，将体育游戏与大自然相结合，开展有特色的户外体育活动而世界闻名。那么，我们应该如何创设出能够体现园本文化内涵特色的幼儿园环境呢？

第一节 体现人文特色教育理念的幼儿园环境创设

一、人文特色教育理念幼儿园环境创设内涵

先进的教育理念是纲、是魂、是指针，它决定着幼儿园的办园方向、品位和层次。一所幼儿园的教育理念是在长期的教育实践中积累和创造出来的，它体现着幼儿园的办园策略和方向。教育理念通常涵盖办园理念、办园宗旨、办园目标、管理理念、办园特色、幼儿培养目标、师资培养目标等内容。教育理念的确立可以让全园对幼儿园的发展方向和未来规划有明确认识，达成对教育的共识，从宏观上了解幼儿园历史与现状、发展规划、办园特色、人才培养目标、师资发展规划等一系列引领目标，更好地促进幼儿园、教师、幼儿三位一体的共同发展。

人文特色教育理念的园所文化，能体现出幼儿园的教育宗旨与特色亮点，是幼儿园精神环境多侧面、多角度、多层次的体现。每所幼儿园都应当认真梳理本园的人文教育理念，寻找体现园本文化特色环境布置的落脚点与亮点，提炼并形成园所文化。

二、人文特色教育理念幼儿园环境创设的实施途径

（一）确立园所教育理念

确立幼儿园的人文特色教育理念，应从实际出发，找准适宜幼儿园的特色发展方向，制定相应的行动规划和实施步骤，优化幼儿园整体环境，打造具有自身特质的园所文化，一般可以从政策法规、教育理论、人文环境等方面去定位与打造。

在政策法规层面，把握《幼儿园教育指导纲要（试行）》《幼儿园工作规程》《3—6岁儿童学习与发展指南》等纲领性文件精神，理性借鉴国内外先进园所之长。

在教育理论层面，认真研究国内外教育家的理论体系，借助巨人的肩膀，找到与园所

现状相契合的理论支撑点，确立有特色的园本教育理念。例如：陶行知、陈鹤琴的儿童教育观，以及蒙台梭利、瑞吉欧、华德福教育理论等现代教育体系。

陶行知的"生活教育"理论是陶行知教育思想的核心，包括"生活即教育""社会即学校""教学做合一"三个基本观点。在不断的探索与思考中，陶行知提出的学前儿童相关教育理念，依然对我们的当代教育有着启示作用。

陈鹤琴作为中国现代幼儿教育的奠基人，提出了"活教育"理论，重视科学实验，主张中国儿童教育的发展要适合国情，符合儿童身心发展规律，呼吁建立儿童教育师资培训体系。陈鹤琴指出，"活教育"的目的是"做人，做中国人，做现代中国人"。陈鹤琴所谓的"活教材"是指取自大自然、大社会的直接的书，即让儿童在与自然和社会的直接接触中，在亲身观察中获取经验和知识。"活教育"的课程论并不摒弃书本，只是强调历来为教育所忽视的活生生的自然和社会，而书本知识则应是现实世界的写照，应能在自然和社会中得到印证，并能够反映儿童的身心特点和生活特点。他把活教育的内容具体化为"五指活动"：即健康活动、社会活动、科学活动、艺术活动和文学活动，其目的是培养儿童理想的生活。

蒙台梭利教育理念以其独特的、灵活的教学方法，人性化、情趣化的环境设计，愈发引起中国教育界的关注。蒙台梭利认为，幼儿的活动空间在他们生命的发展阶段中很重要，为幼儿提供安全、自在的活动环境更有利于显示他们的兴趣和能力。幼儿园作为当下儿童最重要的活动环境之一，不仅仅是满足功能需求，还应该把空间环境作为辅助功能以促进儿童的身心全面发展。蒙台梭利"以儿童为中心"教育理念，在幼儿园室外环境、室内环境以及各类灯光、颜色等元素中，可与幼儿园的环境创设充分融入结合。

瑞吉欧教育体系以儿童为中心，以发展想象力和创造力为目标，注重培养儿童自由兴趣和人际交往能力，鼓励儿童多感官地认知所处的生活环境。而幼儿园则是儿童进行感知活动、提升空间认知能力非常重要的环境场所。通过确立幼儿园环境设计的方式——利用空间组合、材质搭配和色彩装饰等，能够帮助儿童在物体与几何形体之间建立联系，丰富儿童空间方位识别的体验，引导儿童运用空间方位体验解决问题，从而培养他们的空间认知，启发创造性思维。

华德福教育理论是鲁道夫·斯坦纳根据自创的人智学理论创建而来。它严格遵循人类发展的自然规律，通过独特的途径和渠道，精细周密地观察和研究每个学生的生活和本质，并配合人的意识发展规律，阶段性针对意识来设置教学内容，让人的身体、生命体、灵魂体和精神体都得到迎合和发展。通过华德福教育，帮助孩子身心健康、平衡地成长，在学习科学知识和生活技能的同时，丰富心灵情感，不断地探索人生以提升人文精神，成为精神意义上独立和自由的人。

除此之外，还应当客观分析园所周边自然及人文资源，从人文环境以及当代社会的热点问题出发思考，确立办园理念文化。例如：绿色生态特色、自然主义特色、快乐教育特色、环境保护特色、传统国学特色等。

第三章 体现园本特色的幼儿园环境创设

【走进名园】

北京中华女子学院附属实验幼儿园——"花花草草幼儿园"

北京中华女子学院附属实验幼儿园崇尚"传统、自然、本真"的环境创设的理念。该园尊重幼儿的决定，将名字改成"花花草草幼儿园"，并且对幼儿园自然环境有了全新的定义，园所每一处木屋和教学楼上都爬满了青藤，藤蔓下的一条人工小溪，里面贴满了园里幼儿们从世界各地带来的石头，就连园所的门厅也是爬满了绿植的绿墙，走廊里、厨房里、教室里都是随处可见的和幼儿一同创作的自然物装饰品，真正体现了回归自然、回归传统这一教育理念。

天津市滨海新区塘沽一幼——"阳光"幼儿园

幼儿园建筑以白色墙壁为主，墙面上开设了大小不同的类似飞机窗口一样的窗户，不同功能的窗户被刷上了不同的颜色，在充满童趣的同时，兼顾很多实用功能。园所倡导"阳光文化"教学理念，以阳光法则标准规范教师们言行，将"阳光文化"渗透到园区管理、课程教育目标、课程建设、园区建设等方面，并全面打造"阳光团队"，让孩子们在充满阳光、充满关爱、充满欢乐的教育环境中健康、快乐成长。

东莞市东城圣融生态幼儿园——集生态体验教育和科技为一体

圣融生态幼儿园坚持生态教育观，以给孩子真爱，关爱孩子心灵与健康的可持续全面发展为目标，运用生态修复技术，实现能量交换、生态循环、微气候调节的功能等，是一所集生态与科普为一体的真实生态生活体验式幼儿园。幼儿园本着"感恩地球 敬畏自然 生态文明"的教育理念，结合自然教育课程下的生态体验课程，将其与《指南》渗透到幼儿一日生活中，探索有效的实施策略，是绿色生态建筑的样本，也是新自然教育与生态建筑完美融合的实践。

成都市常春藤幼儿园——品格教育、三生教育

成都市最美幼儿园，以"品格教育"与"三生教育"（生命、生存、生活）为教育特色。幼儿园以"呵护天性、孕育品格、启蒙兴趣、维护个性、培养习惯、健康成长"为核心教育理念，尊重孩子的个性，创设适合孩子成长的环境——"自然中教，游戏中学，教在有心，学在无意"。

上海艾思坦幼儿园——ASTEM教育幼儿园

秉承"人文引领的学科融合性科学教育"的教育理念，为幼儿营造关爱与自由、开放与共享、建筑与自然、科技与生活的和谐氛围。ASTEM是五个英文单词的组合，A-Art代表人文艺术，S-Science代表科学，T-Technology代表技术，E-Engineering代表工程，M-Mathematics代表数学。幼儿园秉承一种基于真实问题的领域整合性项目式学习的理念，儿童通过动手操作的方式来进行探究式的学习，在此过程中可以获得全面的发展。

（二）建构教育环境

幼儿园人文特色教育理念既可以通过创设富有人文教育内涵的校园物质环境创设来体现，也可以在幼儿园日常生活和教育教学活动中进行人文精神的渗透。

外部环境能够鲜明的突出幼儿园的办园理念，通过富有风格特色的房屋建筑、舒心悦目的外墙色调、呈现教育理念的围墙围栏建设等来实现对幼儿园户外环境的创设。室内公共环境创设，可通过首先映入眼帘的门厅、直观明了的楼梯、内涵丰富的走廊等环境创设来实现。对于幼儿园教室环境创设，可通过教室主题墙、教室作品展示墙以及体现特色教育理念的其他的区域环境创设来实现。

隐性环境体现园所文化内涵特质，在实施过程中，应结合幼儿园园本文化课程，将幼儿园课程内容中融入特色教育理念，通过构建适合幼儿园开展的文化启蒙教育课程，细化至每一处环境创设中，以润物细无声的方式，去滋养幼儿的心灵，从而达到环境教育的隐性功能。

【环境创设与运用】

自然生存、自由生长、自主生活
——南京市九龙湖幼儿园海马文化

古都南京的九龙湖畔，坐落着一处儿童的乐园——九龙湖幼儿园。九龙湖幼儿园一直致力于特色园所文化打造，在建园时就将特色文化理念融入园所建设设计中，创造属于全体师生自然生存、自由生长、自主生活的海马家园。

幼儿园的教育理念是尊重每一个儿童，拥有基本的生存能力，养成良好的行为习惯，建立初步的社会规范；尊重每一个儿童，引发主动的活动态度，关注差异的活动需求，支持不同的活动体验；尊重每一个儿童，发现有趣的生活现象，创造美好的生活场景，享受快乐的生活瞬间。

教育目标是培养自然生存、自由生长、自主生活，富有表现力的国际小公民。教育使命是通过提供全开放的生活环境，让幼儿自然生存；创设多探究的游戏环境，让幼儿自由生长；搭建高互动的家园环境，让幼儿自主生活。

幼儿园的吉祥物是四只由教师合作设计的小海马——乐乐、慧慧、康康、仪仪，代表对孩子快乐、智慧、健康、礼仪四方面的期盼。

九龙湖幼儿园致力于营造基于儿童立场的回归生活式教育环境，以真实体验为方式，尝试专用室课程的开发。幼儿通过实际操作、亲身体验、直接感知的方式，参与各类丰富多彩的活动，在活动中获得成长。在儿童生活和学习环境中，融入审美设计和归属感元素。

例如，我们常见的楼梯大多数是各种展板、儿童的作品、小朋友的活动照片。但九龙湖幼儿园对楼梯进行了重新的设计，把美术和戏剧结合在一起，用五部宫崎骏的动画制作成为它的背景，用这个故事将各楼层串起来，一部故事一个楼梯。

幼儿园的美工活动，采用空间灵活性和材料开放性的工作坊形式。海马工作坊的环境秉承开放、多层次、低结构且多元化原则设计。孩子们在这里进行创造性的、探究性的活动。在这里，不教孩子这些工具怎么使用，也不给孩子说注意安全怎么样，孩子自己拿取工具然后就开始操作。当你的空间是开放式的，当你的材料全部是降低到儿童的高度的时候，孩子根本不要教，他们会自己去拿去取放去操作。

低一点，用儿童的高度与孩子看世界；
慢一点，用儿童的速度陪孩子成长；
"笨"一点，用儿童的方式和孩子交流。
相信儿童，支持儿童，跟随儿童的脚步，为每个孩子播种爱的种子。

——九龙湖幼儿园创始园长刘莉寄语

第二节　体现艺术特色的幼儿园环境创设

幼儿园环境是幼儿园课程的一部分，是幼儿园重要的教育资源。创设一种散发浓厚艺术氛围的幼儿园环境，能够陶冶儿童的情操，对儿童个性化发展起着潜移默化的作用，准确把握艺术特色的幼儿园环境的内涵，能使我们在建构园所环境时更有目的性和方向性。

一、艺术特色幼儿园环境创设内涵

艺术是陶冶幼儿情操，发展幼儿心智，培养幼儿想象力和创造力的一把金钥匙。艺术教育在整个幼儿教育中，对幼儿全面和谐的发展具有举足轻重的特殊意义。艺术特色，是指一种表现手法或表现方式，主要是作家、艺术家在创作中所运用的各种具体的表现方法。在幼儿园环境创设上，可理解为幼儿园根据本园的实际情况，在幼儿园大环境、主题墙、区角、美工室等环境创设方面所体现的艺术性，借助艺术教学、艺术活动等创设具有浓厚艺术氛围的园所环境，从而形成园所的一种稳定的、个性化的环境创设风格，可以从艺术范畴的领域，例如美术、音乐、舞蹈、体育等，从这些艺术形态的一个小切入点作为线索，进行内涵深挖掘，将其融入环创设计理念中。幼儿园艺术环境创设的目标包括：

其一，营造浓郁的艺术环境氛围，让幼儿在环境中自然地获得丰富的审美体验，从而增强对各种艺术作品中蕴含的美的感受力；

其二，引发、支持幼儿与艺术环境的有效互动，使幼儿在互动中建构起自己关于艺术的知识经验，丰富其艺术情感，逐渐培养其鉴赏美、创造美的能力；

其三，让儿童能用自己喜欢的方式进行艺术表现活动和参与艺术环境的创设，促进幼儿、教师共同成长。

利用艺术环境对儿童实施艺术教育，符合幼儿学习的特点和认知发展的规律，将艺术元素充分渗透到幼儿园环境创设中，与所对应的艺术教育园本课程相融合，对培养幼儿创造美、欣赏美的情趣和能力有着重要价值。

二、艺术特色幼儿园环境创设的实施途径

（一）创设充满艺术气息的物质环境

充满艺术气息的园所环境建构，往往能直接引发儿童的各种审美体验，激发儿童的审美兴趣。应根据幼儿园不同区域环境所映射的不同功能，对园所环境进行整体的设计与规划，突出自然美、生活美和艺术美，使幼儿时时刻刻都能感受到环境中蕴含的艺术气息，获得美的体验。

其一，创设生动的自然探索空间，以体现自然美。自然美体现在各种各样的自然景物之中，但是幼儿相对缺乏对美的深刻而全面的洞察力与鉴赏力，习惯只关注事物的局部和特征鲜明的部分。因此，教育者在环境创设中要注重突出自然环境中蕴含的自然美，引导儿童主动关注、探索和感受自然美。

其二，善于营造富有艺术性的活动空间，凸显生活美。在儿童日常生活空间中适时地加入特定的艺术元素，并结合教师的指导和关注，能够帮助儿童获得丰富的审美体验。如让儿童用各种不同的美术技法组合运用各种废旧材料，重新演绎和创作经典童话故事作品，装饰幼儿日常行走的走廊，把公共生活区改造成艺术长廊，不仅能促使儿童以各种形式来展示自己对艺术作品的理解，增强他们对艺术作品的感受和体验，而且有助于他们形成积极的审美情趣，形成感受艺术、观察艺术、体验艺术的习惯和能力。

其三，构建专门的艺术创作空间，以展示艺术美。专门的艺术创作不仅需要一定空间，而且其本身的布置和设计也要体现出艺术美，这样儿童才能在全方位的艺术氛围引导下，全身心地参与艺术创作，从而形成欣赏美和鉴赏美的能力。

（二）营造具有艺术特色的人文环境

人文环境即精神环境，打造符合幼儿年龄特点、利于其成长的人文环境对幼儿的发展至关重要。在创设艺术环境的过程中，应采取适当的教学组织与实施策略，将幼儿园艺术环境的教育性与审美性联系起来，结合环境不断开展渗透式的艺术教育。

其一，教师要及时捕捉幼儿的艺术兴趣点，通过适当的艺术表现形式开展艺术教育。艺术环境的创设过程同时也是孩子体验、感知、表现和创造美的过程，这必然要求教师要帮助儿童学会以各种艺术形式参与艺术环境的创设，最终实现环境与孩子之间的"对话"。

其二，教师要为儿童学习经验的发展提供艺术空间和舞台。幼儿有意义的学习经验往

往是在开放的时间和空间中获得的,这样儿童才能尽兴地探索、充分地活动。因此,在实践中教师要注重对艺术环境的创设和利用并进行整体性思考,注重各个艺术区域的有机联系。如教师鼓励和支持建构区的幼儿为表演区的幼儿搭建舞台,或请建构区的幼儿到语言区来介绍作品等。这不仅扩展了儿童的游戏思路及艺术表现形式,也挖掘了艺术教育的情感功能,使幼儿在积极探索问题解决办法的过程中懂得换位思考,乐于合作与分享,从而获得良好的社会性发展。

(三)构建具有艺术特色的园本课程体系

幼儿园艺术环境作为一种隐性课程,从课程设计到具体的课程实施,须结合幼儿园整体课程规划以及日常开展的教学活动内容。因此,在创设班级内部和园区外部环境时,从区域结构的设置、墙面的布置到资源的配置,都需要根据幼儿园主题活动的推进不断地调整和变化,从而有效地为儿童的各种艺术创作、探索和审美活动提供必要的支持。

构建开放、动态式的园本课程,使艺术课程的延续成为幼儿素质教育基本落脚点,生成原发性艺术活动和继发性艺术活动,把握教学目标、教学过程的实施策略,根据幼儿的需求进行教学反思,确立课程延伸活动,紧密结合幼儿的发展阶段合理落实各阶段教育目标。

其一,依靠艺术环境,整合多种学科内容和教学形式,综合性地开展园所课程。幼儿习惯以整体、形象、直觉的方式把握世界,而与此同时艺术本身又可以同多种学科实现融合,因此依靠精心创设的艺术环境,教师可以整合音乐、文学、科学等学科内容,让幼儿在一个充满艺术氛围的教学环境中形成鉴赏美和表现美的能力。

其二,发挥艺术整合教育功能,创生多种艺术主题活动,探索艺术同构途径,使文学、美术、音乐能够有机兼容,相互渗透,多通道挖掘艺术教育资源,丰富艺术课程的内涵,系统化地对儿童实施艺术熏陶。主题活动是幼儿园课程实施的主要形式,而主题活动的有效开展往往需要与儿童日常生活相联系,并实现不同领域内容的有效整合,这通常涵盖了与艺术教育内容相关联的各领域之间的内容,凸显了生活化、整体性的课程理念。

【环境创设与运用案例】

绚烂节日 五彩童年
江苏省省级机关实验幼儿园六·一"画·童"美术节

在这初夏刚至,花香四溢,草木葱茏的美好时节,迎来了孩子们自己的节日——"六·一"国际儿童节。江苏省省级机关实验幼儿园的老师们邀约近千名"画童"共同走进这浪漫温柔的初夏,走进美丽的石头城公园。在属于孩子们的节日里,用色彩创意自由表现美的艺术世界,用视觉创作自主表达对美好事物的感受体验。本次美术节活动共分为四个主题:"建筑与雕塑""中国传统艺术""生活艺术"和"玩转色彩",孩子们徜徉在艺术的大自然中,尽情挥毫泼墨,恣意挥洒创造,共享绚烂节日里的五彩童年。

建筑与雕塑区

"塔世界"和"桥博汇"里,用纸板、纸盒、木头、树枝、砖块、乐高积木搭建的埃菲尔铁塔、比萨斜塔、东方明珠、长江大桥、南京眼等建筑体现出多元化材料的创造性。

"木之韵"里千姿百态的树枝,敦庞朴素的树桩,孩子们带着自己的思考尽情地灌泥、拍泥、切泥、盘泥、捏泥……一个个稚拙的瓶罐、一只只生动有趣的小动物、一块块纹样精美的泥砖在小陶艺师手中中诞生了。

传统艺术区

多彩的京剧脸谱墙,形形色色的人物造型,以及精美绚烂的自制戏服和道具,"梨园戏舍"让人流连忘返。孩子们戴上手绘面具,穿上自制霞帔,手握斧钺兵器,扮演角色,咿呀哼唱间兴趣盎然。和京剧行家同台表演,全情投入。投影仪的灯光下,白色的布景中《西游记》《十二生肖》《武松打虎》一场场自编自演的皮影戏正"绘声绘影"的上演,丝丝入扣的剧情,色彩缤纷的皮影人偶……引得近距离感受皮影魅力的萌娃们发出阵阵惊呼。走进"金陵染坊",将布块折成手掌大小,再将收集来的小石头、棒冰棍、

废旧的筷子也裹在手帕中，放入染料桶里浸泡，耐心的等待后收获风格迥异的作品，让孩子们激动无比，享受着独一无二，只属于自己的五彩斑斓。"扇面泼墨""国画写意"或陆离斑驳，或奔放明快，或清新淡雅，或传神阿堵，童心中的美无限绽放。孩子们在与中国传统艺术的亲密接触中，体会着传统艺术的魅力，幼小的心灵里种下民族文化的种子。

玩转色彩区

走进"纸艺世界"，孩子们在各种材质的纸张中自由选择，或撕、或折、或剪、或拼……与大师们对话，与"跳舞的小人"做游戏，在"海底世界"里遨游。"马蒂斯的春天"色彩斑斓，"大象艾玛"更是调皮古怪，它们一会儿藏进妈妈的花裙子，一会儿藏在美丽的窗帘里，让孩子们找的不亦乐乎。"色彩瀑布"里，拖把、毛笔、水枪、喷壶……都是用来创作的工具，孩子们在帷幔中、在墙壁上、在地面随意地挥洒、自由的涂鸦。"玩转点线面"是材料与创意的一次相约，小小的瓶盖、细细的吸管、大大的奶粉桶都是孩子们灵感与激情的碰撞，他们在无限的探索空间中尝试和探究，感受色彩碰撞的视觉刺激，体验艺术情境带来的审美情趣，品味与大师对话的喜悦。

生活艺术区

生活中的果实、蛋、伞、石头都萌发着生命的意义。瞧,"果趣"里,大松果、小松果化身开屏的"孔雀"、运粮的"蚂蚁"、摘果的"刺猬"和筑巢的"鸟儿",遍布在树林间、草丛中、木桩上……"蛋趣"中的巨星蛋与小萌蛋更是相映成趣,蛋宝宝们有的躲在草窝里,有的在树林里荡秋千,还有的懒洋洋地躺在草地上晒太阳,趣味盎然;太阳光透过树林中悬挂的五彩缤纷伞面照射在孩子们幸福的小脸蛋上,孩子们正在用画笔、颜料、彩色纸等材料将伞面打扮得灵动而绚丽;小小的"石头"经过大自然的洗礼,形态万千,大大的"百变石头"在树林里排队垒高,搭建的树林堡垒迷宫更是令人感叹改变的力量。端午节就要到了,中国的传统习俗要坚守,在"趣味生活"中孩子们包粽子、做香囊、编鸭蛋网,品味民俗的味道。

"每个孩子都是天生的艺术家"。他们用清澈的眼睛捕捉最美好的风景,用稚嫩的小手绘出最绚丽的想象,用跃动的心灵展示自己的小小世界。这个"六·一",孩子们带着稚拙的、一尘不染的童真携手走进艺术的殿堂、走进自然的风景里。在欣赏与感受、表达与创造中发现美、感受美和创造美。

案例由江苏省省级机关实验幼儿园缪颖提供,有删减。

第三节　体现地域特色的幼儿园环境创设

《幼儿园教育指导纲要（试行）》指出："要充分利用社会资源，引导幼儿实际感受祖国文化的丰富与优秀，感受家乡的变化和发展，激发幼儿热爱家乡的情感"。

陈鹤琴先生提出，幼儿园创设要考虑当地的风土民情、文化底蕴、气候条件。通过深入了解本地区文化精粹，结合幼儿园的实际情况，将适宜的地区资源融入幼儿园环境创设中，能加深幼儿对自己所在地区的认识，培养爱家乡、爱祖国的优良品质。不同地区的幼儿园，若能从本地实际情况出发，结合地区的特色，扬长避短，办出具有地方特色的幼儿园，就可以打破"千园一面"的局面。

夸美纽斯提出，儿童认识世界、了解世界应该从身边的乡土地理开始。利用当地资源营造幼儿园环境是创建文化自信的重要组成部分，以凸显儿童为主体进行环境创设的前提下，充分挖掘家乡本土资源的教育价值，除了可以帮助幼儿感受本土文化的多姿多彩，促进幼儿健康全面的发展，也可增强幼儿的文化自信力，激发幼儿对本土文化的探究兴趣。

一、地域特色幼儿园环境创设内涵

地域文化泛指特定区域范畴内源远流长、独具特色、仍发挥作用的文化传统，包涵方言文化、饮食文化、民间艺术、民间信仰、民俗文化等文明表现。它在一定的地域范围内与自然环境相融合，具有独特性的地域性特征。特色鲜明的地域文化，是中华文化的有机组成部分。我们的文化自信，来源于不同地区地域文化的积淀、传承、创新与发展。地域文化视角下的幼儿园环境创设，依托地域文化资源，开发整合利用地方特色的自然和人文资源，加以拓展、融合与创新，生发出具有地域文化特色的幼儿园环境创设，将中华地域文化元素在环境中得以呈现，传承民族精神，培育儿童对优秀地域文化的认同感和归属感。

二、地域特色幼儿园环境创设的实施途径

（一）发掘本土地域文化资源

对于幼儿教育者来说，美的事物广泛存在于我们所处的环境中，每个地区、每个民族的自然景观、历史文化等，都是可以充分发掘获取的环境创设资源。因此教育者要立足于本地资源，将地域文化与园本文化建设相融合，从当地地域文化入手，对当地自然景观建筑以及人文历史文化进行梳理与研究，从中找到契合点，结合幼儿已有生活经验，根据本地区的风土人情、气候环境、文化内涵和教学特色等要素，因地制宜、合理科学、系统完整地设计幼儿园环境，并巧妙地将这些元素渗透到幼儿园的公共环境、户外环境、活动室环境、区域环境等方面中，让幼儿身临其境，对地域文化产生认同感和审美体验，将环境作为一种隐形的教育资源，传承本土文化，发挥其最大的教育价值。

（二）渗透式融合的环境创设理念

地域文化内容广泛，涵盖了地方语言、饮食文化、民间信仰、民间建筑、民间游戏、民间音乐等文化，其中蕴涵着丰富的教育资源。环境创设通过布局、色彩、形象设计等元素来实施，在幼儿园环境景观设计中，富有浓郁地域文化特色的民间传说、民间手工艺、民间歌谣、戏曲等，通过儿童喜闻乐见的方式在相对应环境景观中表现出来，不仅可以极

大丰富教育素材,还可以很好地培养儿童的地域归属感和文化传承感。

在布局造型上,独特的造型最能给幼儿以想象和游戏的空间,而具有地域特色的景观造型,更能丰富幼儿想象的空间,这些造型可能来源于歌谣、戏曲、传说、手工艺品等,也可能是山川、动物、植物。幼儿独特的认知能力,在面对这些来源于文化自然中的物时体,都会重新得到诠释。

在色彩选取上,每个民族都有其独特的象征色,最能代表民族精神,或是狂放,或是内敛,这些具有地域特征性的色彩,主要是通过视觉被大家广为接受和传颂,所以,要把这些色彩找出来,运用于幼儿园的景观设计。例如铺地的色彩、建筑的色彩、植物的色彩等,这样才能够把地域的精神力量以色彩的形式注入孩子们的世界里,让他们能感知到民族的精神力量,这样的设计有生命力。

在装饰器物材质的选取上,尽量自然属性。幼儿对事物的感知很大程度上来源于触摸,来源于原生的材质,或者充满自然的气息,如褶皱的树皮、滑润的卵石,或者被赋予的特殊形式,像冰裂纹、田字形,都充满了人文乡土气息。所以在幼儿园环境设计时,均应尽量采用当地自然材质。所以,在进行环境创设时,应从本地区历史文化、民间工艺、传统习俗、自然环境等因素中,选取最有利于幼儿健康成长,最符合幼儿心理需要的优质资源,并把这些有利的元素适当地运用到幼儿园特色环境的创设中,让幼儿身处充满正能量的环境中,感受积极的熏陶。

【环境创设与运用案例】

皇城脚下的幼儿园,有多味儿?
——北京市西城区三教寺幼儿园

北京市西城区三教寺幼儿园培英胡同分园,建在了一条胡同里的四合院中。园长说:"特色建设是每个幼儿园长期发展规划的重要组成部分,幼儿园长期发展目标的实现,要依托幼儿园的特色建设。"在这里,我们感受到了传统文化在孩子心间得以延续的美好样子。

京韵气息

四合院里从景致到摆设,处处散发着浓浓京韵气息!幼儿园的活动室、生活区域、办公区域就分布在四面的屋子里,红墙映绿植、灯笼照玩具……"锦鲤"板凳,用了中国传统的花纹和配色；老式的小板凳，充满了自己童年的回忆；大尺寸和小尺寸的园艺工具，仿佛能看到老师孩子一起照顾花花草草的美好画面。

京韵坊

一间专门的教室里，展示着"北京老物件"，仿佛是一个小小的"北京历史博物馆"呢。BB机、木头手枪、游戏机、彩虹圈……一件件物品承载了我们太多的回忆。10后的孩子们正感受着这些历史，并创造属于自己的新记忆呢！看了这些传小物件，应感悟到，孩子们能理解的传统文化，肯定不是挂在墙上的，而是看得见、摸得着的。

这里不仅是孩子们的生活区域，还兼具区角和阅览室的功能，在炕上读绘本，是不是很奇妙呀？地域文化融入儿童生活，就是应该因地制宜与地方特色结合的。

创意坊

幼儿园的创意坊是美术活动室,融合北京地域特色的各类艺术创作。创意坊里提供了许多和传统文化有关的材料。墙上装饰性地展示了孩子们的艺术作品,极低的结构给了孩子创造无限可能的机会。就连小椅子也用好看的花纹布料包了面,变成了实用兼审美的对象。其实,对美的培养就体现在这些小东西里呀,弘扬传统文化最重要的,就是将传统文化变成孩子喜欢、孩子容易操作的形式。

过家家

在幼儿园的各角落里,我们也一样看到了许多地域文化的影子,它们和角色游戏、环境创设、作品展示、特色活动室有机地结合在一起,真正地做到了传统文化融入儿童的生活。

幼儿园有一个专门的房间叫"过家家",各类传统的摆柜、多宝阁,以及放置在上面的老物件朴实有趣。在这里,有很多老北京人才见过的摆件、玩具!象征吉祥的虎头鞋、可爱的锦鲤玩偶、按比例还原的小家具、神气威武的兔儿爷、以前孩子玩的"响器"、可爱的十二生肖泥偶。

儿时的游戏

四合院走道两边的玩具有沙包、弹珠、鸡毛毽子、空竹……原来，这些传统游戏从来没有消失过，10后的孩子们在幼儿园里就能玩到！地上还有孩子亲手画的跳房子。这种孩子喜欢的、感兴趣的传统文化教育形式，才是我们应该在幼儿园里去做的呀！

文化是幼儿园的魂魄，是一条看不见的绳线，牵引着幼儿园的各项工作和发展。

——三教寺幼儿园园长王岚寄语

【思考与训练】

1.在你实习的幼儿园中，深入考察了解其环境设计的整体风格与细节体现，拍下你认为有特色创意的环境布置照片，并与幼儿园教师交流沟通，试分析整体环境创设的文化内涵。

2.结合你所生活地区的地域文化，进行梳理与研究，尝试为一所新建的幼儿园设计富有本土地域文化特色的环境创设方案。

第四章 幼儿园环境创设的基本方法与实践

扫码获取
拓展资源

第一节 幼儿园墙饰设计的类别与要求

幼儿园墙饰是幼儿园环境的重要组成部分，其创设意义不仅仅在于美观，而且能够为儿童提供审美素材，促进幼儿学习，支持儿童成长。作为幼儿园教育理念的形式载体之一，幼儿园墙饰创设可以引发幼儿与墙饰之间自主的、积极的互动。

幼儿园墙饰设计属于室内装饰艺术的一种，包含了多样化、综合性的壁面装饰艺术设计手法。幼儿园墙饰设计的内容不仅涵盖绘画、雕塑、壁饰工艺，也与民间工艺、设计构成、抽象艺术等多种表现形式结合紧密，是集教育性、艺术性为一体的室内墙面环境装饰设计艺术。我国幼儿园中常见的墙饰设计常采用夸张、变形的装饰艺术手法，运用幼儿喜闻乐见的造型，使幼儿园墙饰富有童趣，受到儿童的喜爱。在幼儿园环境创设过程中，幼儿园教师应当根据不同年龄班儿童的身心发展阶段特征，从特定的教育目的出发，设计适宜的幼儿园墙饰内容，力求使幼儿园墙饰与整体教育环境相和谐，并且发挥出其作为隐性教育资源的作用。

一、幼儿园墙饰的类别与特征

对于幼儿园墙饰可以从不同的角度进行分类。例如，从墙饰的使用功能上区分，幼儿园墙饰可以划分为功能性墙饰和装饰性墙饰。装饰性墙饰的设计与使用主要以装饰性为主要目的（如图4-1），而功能性墙饰的设计与使用则主要从功能性的角度出发（如图4-2）。例如，幼儿园中的班标、室标、小红花榜、家园共育栏、每日食谱、晨检牌、一日活动安排表、作息时间表等内容，在设计和使用上不仅仅出于美观的目的，而是更加注重

图4-1 幼儿园装饰性墙饰

图4-2 幼儿园功能性墙饰

功能性，因此，一般将这些墙饰设计内容归为功能性墙饰。而幼儿园外墙的墙绘、睡眠室壁画等墙饰设计的目的主要是满足装饰性需要，因此一般将其归为装饰性墙饰。

此外，根据设计性质的不同，幼儿园墙饰还可以分为常规墙饰、主题墙饰和互动墙饰三类。具体而言，常规墙饰主要包括幼儿园各区域场所的装饰性或功能性墙饰。例如室标、班标、宣传栏、午睡室墙饰、活动区墙饰等。由于常规墙饰的更换频率相对较低，因此，在常规墙饰的设计与制作中，应格外考虑使用材料的耐久性以及设计方案的整体美观度（如图4-3）。

图4-3　常规型墙饰

在幼儿园的各班级中，以每个阶段的教育内容为主题的各类墙饰统称为主题墙饰。主题墙饰创设应充分结合幼儿园的教育需求，迎合幼儿的审美，吸引幼儿的目光，促进幼儿的学习，支持幼儿全面发展。在主题墙饰的设计中，教师应基于儿童的生活经验和审美趣味，结合幼儿园教育活动的目的与内容综合取舍墙饰的内容。最终以通俗易懂、活泼生动的表征形式体现出来，例如用简单的文字符号配合儿童画造型排版出适宜的主题墙饰内容。

幼儿园互动墙饰是在墙饰设计与制作的过程中，特别强调幼儿参与性，鼓励师生、生生共同合作完成的一类墙饰。互动墙饰的创设能够充分引发幼儿与幼儿园环境之间自主、积极的互动。在互动墙饰创设的过程中，教师可以融入各类教育目标，让幼儿在参与环境布置的过程中潜移默化地接受教育。由于互动墙饰创设充分调动了儿童参与幼儿园环境建设的主动性与积极性，因此，互动墙饰不仅承担着美化幼儿园环境的功能，更可以成为儿童尽情发挥想象力、创造力与自我表现的舞台。围绕不同阶段的教育目标和教学内容，教师在进行互动墙饰创作时，应尽量鼓励儿童关注幼儿园的环境，与环境展开积极互动，充分激发儿童的主体性，从而最大限度地发挥幼儿园互动墙饰的教育作用。

二、幼儿园墙饰创设的具体要求

幼儿园墙饰不仅具有装饰美化环境的作用，而且为儿童提供了丰富的审美素材，能够丰富幼儿的知识，陶冶幼儿的情操，培养幼儿的审美能力，是幼儿园环境创设的重要组成部分。幼儿园墙饰不但要能反映特定阶段的教育主题，反映儿童的生活经历及个人体验，更重要的是要能引发和支持儿童的各类活动。一般而言，幼儿园墙饰的设计与制作需要考虑以下几点要求：

（一）墙饰创设应适宜儿童的身心发展特征

幼儿园环境创设应以儿童为主体。因此，幼儿园环境对儿童来说应具有可亲近性，使儿童愿意融入其中。在设计幼儿园墙饰时，应充分征询儿童的态度与想法，从儿童的兴趣爱好出发，针对不同年龄阶段儿童的认知特点，多运用儿童喜爱的造型、色彩与主题，使墙饰设计顺应儿童身心发展需要。

第一，墙饰的布局设计应以儿童视角为中心，根据不同年龄班幼儿的身高的特点来决定，避免墙饰布置位置过高而造成幼儿长时间仰视，引起颈椎疲劳，影响幼儿的视力发展。一般而言，活动室内小型墙饰的视觉中心一般不超过幼儿的平均身高，这样的墙饰布局设计使儿童能够轻松触碰到墙饰内容，为儿童提供动手参与墙饰创作的可能和机会。而大型墙饰的观看距离一般较远，因此在布局设计时其视觉中心一般要高于幼儿的头部。例如，图4-4的幼儿园卫生角墙饰，就很好地体现了以幼儿视角为中心的幼儿园环境设计思想。通过有意识地降低墙饰设计的视觉中心点，使幼儿能够轻松地观察墙饰，实现墙饰创设的教育效果。

第二，墙饰的主题设计应基于儿童的经验，墙饰的内容应来源于儿童的兴趣爱好。由于儿童处于特殊的审美发展阶段，大部分儿童在观察事物时往往只注意其感兴趣的部分，因此，具有夸张、象征、抽象、意向手法的装饰性画面更容易引起幼儿的兴趣。此外，由于幼儿的注意是以无意注意为主，墙饰设计的画面关系处理应重点突出，一目了然，能够强烈吸引幼儿的注意力。在选择墙饰内容时，还应根据各年龄班幼儿的年龄特征，结合各阶段教育教学的内容以及各方面因素进行综合考虑，使墙饰既富有童趣，又紧密结合幼儿园的教育教学，兼具实际的教育功能（如图4-5）。

图4-4　幼儿园卫生角墙饰　　　　图4-5　幼儿园海洋主题壁画墙饰

（二）墙饰设计应具有艺术美感，注重画面构图、色彩与情节的对比经营

幼儿园墙饰创设既要表现具体事物，又要能让儿童便于识别，印象深刻。在构图设计上，可以使用添加、排列、巧合、重复、夸张、变形、归纳等美术装饰手法，提炼、简化物象的造型，构图上尽可能简洁大方，注重画面结构、明暗、点线的穿插和组合，寻求意趣的独特性，使结构布局清新雅致，富有童趣。装饰造型有多种多样的表现形式，有的简化为标志化的几何符号，有的在具象轮廓里添加装饰纹样。源自民间工艺的传统装饰手法大胆取舍，不受时间、空间限制的夸张变形，早已摸索出极富特点的意象形式规律；而取自现代艺术和现代设计原理的变形，则以点、线、面的组合强调出动静的呼应，律动的秩序，更能增加幼儿对视觉韵律感的体验。

在色彩搭配上，应巧用色彩、肌理等对比手法加强视觉效果，使墙饰设计醒目而富有情趣。墙饰设计的韵律感和节奏美可以从对比与协调中产生。利用画面中冷暖、大小、疏密、黑白对比在画面中展现出抑与扬、强与弱、虚与实、明与暗的视觉反差。

幼儿园墙饰设计可以安排一些有趣的画面情节来吸引儿童的视线。教师在创设墙饰时，应考虑如何使用构图、色彩、材料、制作技巧构成画面的多样性，在视觉上取得生动和谐的美感。而情节对比设计能够使画面更加活泼，具有艺术张力。

（三）墙饰制作应采用多元的装饰手法，搭配丰富的装饰材料

儿童对于周围的环境格外敏感，环境创设所使用的材料会给儿童的成长带来潜移默化的影响。因此，墙饰创设的装饰手法与选材值得幼儿教师加以重视。

幼儿园墙饰制作的装饰手法一般包括平面装饰、半立体装饰两种类型。平面装饰手法主要包括丙烯墙绘、粘贴海报等，画面呈现的总体效果较为扁平。半立体装饰主要利用半立体纸雕或浅浮雕材料对墙面进行创设，视觉效果带有纵深感，儿童在触摸时能够感受墙饰材料的凹凸变化。

同时，设计墙饰时，教师还要善于发现、探索并利用不同的材料。相比冰冷的、非自然的材料，来自大自然的材料更易引发儿童的兴趣，带来自然的亲切感和美感。例如，在华德福幼儿园，教师往往利用树叶、草叶、树枝、果皮、花卉等自然物，通过悬挂风干制作成自然风格的悬挂物用于装饰墙面和天花板。此外，利用树叶、树枝拼图，利用布条粘贴小动物，利用彩色线构造各种图案，利用铅笔屑等废旧物品制作成小工艺品等，都是幼儿园常见的墙饰创作手法。图4-6中的幼儿园墙饰就利用废旧报纸、打印纸等材料制作成半立体的向日葵纸雕塑，既环保又具有立体美感。利用废旧物品制作的墙饰不仅内容丰富多样，形式活泼可爱，给人以新鲜感与真实感，而且可以传达给幼儿以环保的理念，使幼儿在陶冶性情的同时，环保意识也得到提升。

图4-6　用废旧纸张制作的幼儿园装饰性墙饰

（四）墙饰风格应与幼儿园的整体环境相和谐

幼儿园墙饰是幼儿园整体环境的微观组成部分，因此在设计时，从立意、构图、色彩搭配上都必须具备整体意识，使墙饰设计与幼儿园的中观环境、宏观环境乃至幼儿园周边的自然环境和人工环境相和谐（如图4-7）。

在墙饰的内容与表现形式的设计上，也要有整体意识。教师应根据幼儿的年龄与心理特点进行设计，使墙饰内容具有一定的联系性或情节性。例如，通过一组画面反映某一情节或一个主题等。这样不仅有利于幼儿思维与想象能力的发展，而且能使墙饰具有吸引力和生命力，营造快乐的"学习场"。此外，墙饰设计还应根据幼儿园所处的地理环境、气候等外部条件，进行合理的细化设计。例如，考虑到南、北方气候有所差别，南、北方地区幼儿园装饰画的色彩冷暖应有所区别；走廊和睡眠室的整体装饰风格与活动室相比要沉静一些，装饰色调不宜太花哨，应采用纯度相对低些的灰色系（例如灰蓝、灰玫红、黄灰、粉白、灰绿等）、明度对比柔和的色调关系（淡紫配天青、粉红镶奶白）外加适量对比色点缀

图4-7　幼儿园墙饰必须与整体环境相协调

其间，既不失童趣又起到安定情绪的作用。这样幼儿走在走廊上或者躺在床上都能感受到宁静的美感（如图4-8、图4-9）。

图4-8　淡蓝色墙饰凸显睡眠室的宁静　　图4-9　红色墙饰凸显游戏区的活力

第二节　幼儿园墙饰设计的基本法则与常见题材

一、幼儿园墙饰设计的基本法则

（一）构图法则

大千世界中，每一个复杂的物象都可以看作由点、线、面构成。幼儿园墙饰设计的造型法则遵循美术设计中对构图形式的要求。在形式美的法则里，多样与统一、对称与均衡、对比与协调、节奏与韵律、统觉与错觉等规则均建立在点、线、面三种基本形态的画面构成关系上。

墙饰设计构图中的"点"：按几何学的一般概论解释，点是不占面积的。然而，作为造型要素的点却不同，当视觉感知到点时，它具备了一定的面积，甚至还有形状与颜色的区别。在造型艺术中，点可以是多边的几何形体或其他具象形状。点的组合构成了点在画面中的空间感觉。可以通过点的排列、重叠、象形变化、虚实等方式制造出动感、远近感和节奏感。

墙饰设计构图中的"线"：线是点的轨迹，在造型艺术中有着特殊的地位。和画面中的点一样，线也有规则的线和不规则的线，形态极为丰富，并具有很强的情绪和情感表现力，是各类美术形式最常用的造型方式之一，更是装饰设计中主要的表现手段。

在幼儿园墙饰中，流动的水面、柳树的纸条等，都可以用不规则的波线表现。不同的线条变化可以引发不同的视觉效果，而立体化的线条，可以为平面画面带来深度感。例如，用线条交织而成的树干，彩色线条排列绘制的楼房等。线条的粗细变化产生远近关系对比，线条的垂直与水平则体现出不同方向的对比。垂直线给人以庄重、上升之感，水平线给人以静止、宁静之感，斜线条给人以运动、速度之感。此外，民间图案、剪纸的造型中更是充满了线的装饰，尤其是编织材料在壁面设计中将线的魅力展露无遗。

墙饰设计构图中的"面"：面是相对于点、线而言的，在视觉中比点大，比线宽，是线围起的充实整体，在装饰画面中具有稳定厚重的视觉效果，并有自然物形、人造物形、有机形、偶然形、几何形等五类。在幼儿园墙饰设计中，大部分的物象都是用自然形的面表现其生动造型效果的。面的大小、面的方向和明暗形成图形的空间关系，而面的分割，

图4-10　点线面装饰画练习

在饰面设计中就体现为平面的构架，画面的经营（如图4-10）。

（二）色彩法则

不同的色彩搭配对幼儿园环境创设的影响非常显著。在不同环境中，色彩往往比造型更容易烘托出特殊的情感氛围。因此，掌握色彩搭配的基本法则，提高色彩的感受力及运用能力，是幼儿教师开展幼儿园环境创设必须具备的基本技能。

1.色彩基础知识

色彩源自光照射在物体上产生的一种视觉效应，在色彩的研究中，我们常把晴天的昼光（偏蓝的白光）、太阳光、白炽灯光作为三种标准光源，建立了红、橙、黄、绿、蓝、紫为光谱六标准色，以十二色相环（如图4-11）为色彩研究的基础，为调色标准确立依据。追根溯源，调色是在红、黄、蓝三原色的调配中生成的（如图4-12），原色、间色（两种原色调配）、复色（三种以上调配）共同构成了色彩配色的基础。所有色彩都具有三种基本属性，即色相、纯度（彩度）、明度（亮度），并称为色彩的三要素。了解色彩的基本属性就可以从千变万化的色彩中找到色彩变化的脉络。

色相是色彩的相貌，即色彩中每一个颜色具体的表象特征。色相是色彩间相互区别的第一依据（见图4-11十二色相环）。

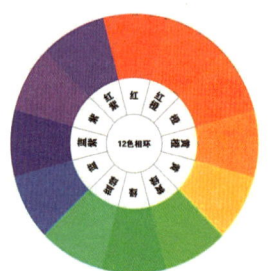

图4-11　十二色相环

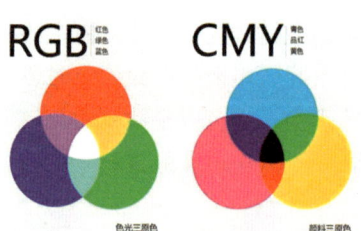

图4-12　色光三原色与颜料三原色

明度是指色彩的明暗程度，也就是色彩的深浅等级，计算明度的基准是灰度测试卡，在孟塞尔（A.H.Munsell,1858-1918）确立的HVC体系，又称孟塞尔体系里，黑色为0（完全不能反射光线），白色为10，在色环中，明度最高的是黄色，在同一色相中可以通过加入黑白调节明度强弱关系。

纯度即色彩的纯净度，指色彩色相的稳定程度（鲜灰程度）。例如：在红色中混入中性色（白、灰、黑）时，虽然仍有红色的特征，但饱和度（纯洁程度）降低了，红色不再鲜艳，我们常说红色的纯度降低了（如图4-13）。

图4-13　色彩纯度渐变表

2.装饰色彩

（1）色调的处理法则

色彩和谐以秩序和统一为准则，在牛顿倡导的彩虹七色学说与音乐七音阶相契合后，产生了借鉴音乐和声阐释调和关系的色彩调和论，色调随之成了色彩学习中的重要内容。常规的色调处理方法有以下三种：

第一，同类色法则在同类色相的色彩中，多通过明度和纯度的变化进行色调的调和，构成画面色彩。第二，近似色法则在相邻色相的色彩对比范围内，除明度、纯度变化之外，需对色相进行归纳、调整，完成色彩关系调和。第三，互补色法则指补色（红绿、蓝橙、黄紫）间的调和处理，即在对立的两色中共同加进某一色彩作为媒介，减弱原有色彩对立关系，达到整体和谐的效果。

上述法则在幼儿园墙饰设计中左右着作品整体氛围的视觉效应，也是设计墙饰作品不可或缺的常识。不同的色调能营造出不同的环境氛围，例如：和谐的同类色系可以产生完整的和声效应，黄调的芒果班、绿调的青苹果班、紫调葡萄班等会吸引刚来的孩子产生对新环境的认同；而弱对比色调的睡房可以帮助孩子尽快平静下来。对色调调和的训练可以修正设计者对色彩的认识（如图4-14、4-15不同色调的装饰画效果）。

图4-14　不同色调的装饰画效果（1）　　图4-15　不同色调的装饰画效果（2）

（2）色彩的对比关系

在色彩对比法则中，依据色彩关系又细分为色相对比、明度对比、纯度对比和补色对比。

色相对比是色彩对比中最基本，也是最重要的对比，色相在视觉对比中的基本规律是：原色对比胜于间色对比；间色对比胜于复色对比。通常色相对比都会在同等纯度和相近明度中进行，突出色彩对比，可以加强视觉冲击力（如图4-16）。

明度对比因为色彩明度可以在同一色相内产生，而各色都有自己不同的明度指数，所以造型确定后，最简便的方法就是运用明度对比。若把各基色的明度列个等级，以白为10，黑为0，依次是黄9，橙8，红6，紫3，蓝4，绿6，则三对补色的明度比分别为3∶1（黄∶紫）、2∶1（橙∶蓝）、1∶1（红∶绿），因此，明度对比注重亮度（明色、暗色、中灰色的对比）、反差（明暗弱反差和强反差的对比）产生的视觉关系，及其对整个色调的影响（如图4-17）。

纯度对比是处理高纯度色彩与稀释后低纯度色彩间鲜灰关系的对比。体现为高纯度对比、中纯度对比及不同纯度对比。常用的色彩纯度处理方式是用一种中性色（黑白灰）降低其颜色的饱和度，或在颜色中掺入互补色来降低色彩纯度（如图4-18）。

图4-16　色相对比练习　　　图4-17　明度对比练习　　　图4-18　纯度对比练习

（3）色彩的象征意义

日常生活中，不同的色彩往往会让我们联想到不同的事物，引发不同的情绪感受。这些联想与每个人自身的生活经历和文化背景有关。不同文化、不同时代、不同性别的人，对同一种色彩的感知可能存在明显的个体差异，然而，对大多数人而言，色彩的感知存在着许多共通之处。例如，当人们看到红色、橙色时，容易联想到太阳、火焰或者夏天，产生温暖而热烈的感觉，所以红色、橙色属于暖色；当看到绿色、蓝色时，则更容易联想到森林、海洋或冰川，产生寒冷而平静的感觉，所以蓝色、绿色属于冷色。而黄色、紫色给人的冷暖感受不明确，因此一般意义上将它们归为中性色。色彩与心理的关系，直接影响了现代设计和装饰色彩中色彩的传达效果，色彩的温度感、重量感、软硬感和色彩的情绪等为我们的墙饰设计提供了意境形成的指向。

黄色的高贵，橙色的丰实，蓝色的宁静，紫色的矛盾，白色的单纯与黑色的凝重，灰色的质朴等都展现出色彩的象征意味（如表4-1中的色彩的象征意义），也是色彩语言研究的重中之重。此外，色彩的象征还带有极强的地域性，不同的民族、不同的信仰和不同的成长环境都会影响人们对色彩象征性的把握。一般而言，儿童对于色彩的感受具有相通性，合理运用象征色彩会起到意想不到的心理效应，帮助完善视觉场，加强环境作为隐性教育资源的教育作用（如图4-19）。

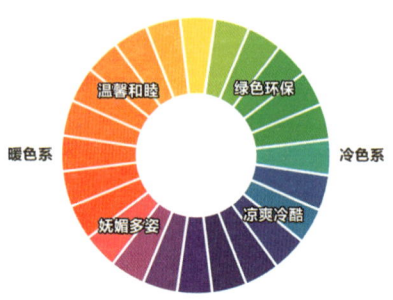

图4-19　色彩象征与联想

表4-1　色彩的象征意义

色相	具体联想	象征意义
红	血液、太阳、苹果、火焰	喜悦、热情、活力、爆发、危险
橙	橘子、晚霞、灯火、秋叶	温暖、快乐、炽热、积极、明朗
黄	香蕉、黄金、柠檬、月亮	明快、活泼、光明、不安、胜利
绿	树叶、草木、公园、春天	新鲜、希望、生长、健康、安全
蓝	冰川、海洋、蓝天、大海	沉静、忧郁、凉爽、理性、冷淡
紫	葡萄、茄子、紫罗兰、鸢尾花	高贵、神秘、嫉妒、优雅、永恒
白	雪地、医院、白云、护士	纯洁、朴素、神圣、虔诚、虚无
黑	夜晚、墨汁、木炭、头发	死亡、邪恶、恐怖、严肃、孤独

二、幼儿园墙饰设计的基本步骤

（一）构思

构思是进行墙饰设计的第一步，根据所确立的主题，思考采用什么样表现形式，进行主要形象的体现与设计，并且要以幼儿的年龄、兴趣和特点为创设依据。

1. 确立主题

幼儿园环境创设的主题元素，应以幼儿生活所见所感的事物为对象，以师生共同创造为主要形式，采用多种材料共同完成，为幼儿营造具有认知功能、符合心理发展的教育环境。

2. 主要形象的造型设计

形象设计是以直观的造型来表达主题内容，从而创造出具有幼儿审美心理的艺术形象。在造型的设计上，应采用造型凝练、明晰简洁、稚拙纯朴的表现手法。同时，从幼儿心理因素考虑，可将事物形象或者局部形象，运用夸张、变形、拟人、象征等塑造方法，去设计体现出符合幼儿认识特征的形象造型。

（二）构图

基于主要形象造型的简洁性与明快感，在环境创设的构图上要求具有充实饱满、高度概括、凸显主题等要素，并灵活采用环境创设中常见的散点式、并列式、环状式、均衡式、适合式等构图形式。

（三）技法表现

完美的构思必须通过适宜的技法表现去呈现，常用的制作技法可分为平面制作（绘画类）、立体制作（手工类）两大类型，同时需要根据不同技法的要求选择适合的工具及材料，力求能够体现构思、呈现构图。

三、幼儿园墙饰创设的常见题材

（一）传统节日

我国传统节日形式多样、内容丰富，是中华民族悠久历史文化的重要组成部分。传统节日，是一个民族或国家的历史文化长期积淀凝聚的结果。中华民族的古老传统节日，涵盖了原始信仰、祭祀文化、天文历法、易理术数等人文与自然文化内容，蕴含着深邃丰厚的民族文化内涵。

我国重要传统节日主要有春节、元宵节、端午节、中秋节、重阳节、除夕等。在幼儿园中创设以传统节日为主题的墙饰，能够引导儿童自觉传承优秀历史文化，既可以使儿童在节日中增长知识，受到教益，又有助于彰显文化、陶冶情操、弘扬传统美德。

（二）自然环境

儿童自然教育并不只是补充自然知识，更是鼓励儿童在大自然中玩耍，拉近儿童与自然的距离，有效控制"自然缺失"带来的不良影响。利用墙饰设计动植物形象，不仅能够提高儿童对于自然的洞察力和注意力，更能培养其主动发现、解答问题的能力。那些自然主题墙饰中的花鸟鱼虫、云朵星辰也在不断激发儿童无穷的想象力。

当代儿童成长于互联网时代，各种电子产品削弱了他们的触觉、听觉、视觉、嗅觉等感官的发展，而自然教育是启迪儿童智慧、培养儿童多种能力的金钥匙。在幼儿园墙饰设计中融入自然主题和自然元素，有助于弥补当下儿童教育的"自然缺失"，启迪儿童关注身边的自然环境，爱护自然环境，增强环保意识，促进儿童身心的全面发展。

（三）异国风情

《幼儿园教育指导纲要（试行）》指出："适当向儿童介绍我国和世界其他国家、民族的文化，使其感知人类文化的多样性和差异性，培养理解、尊重、平等的态度。"在全球各国联系日益紧密的当下，我国幼儿园应当培养扎根于中国文化，具有国际视野的"世界公民"。未来世界的全球化程度日益加深，在幼儿园墙饰中体现异国风情主题，能够使孩子体验不同的文化场景，有利于孩子在未来能够快速融入不同文化，提高孩子对不同国家、不同文化的适应能力。因此，体现各个国家风土人情题材的幼儿园墙饰有利于让幼儿感知世界各国的文化，促进幼儿社会教育的发展。

（四）季节节气

二十四节气是中华民族传统文化的重要组成部分，从先秦时期开始订立，汉代完全确立，流传至今，依然影响着现代生活的方方面面：农业生产、饮食、起居、节日民俗等。二十四节气与人们的生活息息相关，是古人对自然规律观察总结的智慧结晶。以季节和节气为题材创设幼儿园墙饰，有利于帮助幼儿体验自然、回归自然、重建人与自然、人与人、人与自我间的关系。通过不同节气和季节主题的墙饰，儿童可以随时随地认识节气，了解丰富多彩的地方习俗，熟悉各种节气的含义与特征，从而得到中国传统文化的熏陶。教师在创设季节和节气主题 的墙饰时，还可以选择性地开展相应的主题活动，通过游戏、观察、记录、手工等方式，让幼儿在多种多样的活动中获得与季节和节气相关的知识与经验。

（五）民俗文化

文化是一个国家民族的灵魂和精神。中国传统民俗文化是中华民族屹立世界的基石，体现民族的核心价值。我国民俗文化包括：传统服饰、传统美食、茶文化、古典文学、书法绘画及民间传统游戏等。在幼儿园墙饰创设中，教师应适当融入中国传统文化内容，在激发幼儿对中国传统文化的兴趣，萌发民族自豪感的同时，也使儿童自然地扩大阅读量、识字量，增强记忆力。《幼儿园教育指导纲要（试行）》指出："环境是重要的教育资源，应通过幼儿园环境创设和利用，有效促进幼儿的发展。"环境可谓幼儿的第三任教师，在民俗文化题材墙饰的熏陶下，幼儿能够逐渐感受传统文化的不同表现，加深对祖国五千年文化的认识，增强民族自信心，提高审美能力。

第三节 多元材料的技法实践运用

作为幼儿园环境的创设者，需要具备丰富的美术基础知识与实操技能，善于利用生活中各类多元材料，进行巧妙构思与利用，将理念中的环境创设构思体现于现实环境中。

一、绘画类

（一）油画棒绘画

油画棒由颜料、油、蜡特殊混合物制作而成的棒形笔状绘画工具，在纸面上的附着力、覆盖力强，铺展性好，叠色、混色性能优异，能展现油画般的效果，满足各种绘画技巧难度需求。油画棒绘画的基本技法有以下几种：

1. 渐变混色法

基于油画棒材质柔软细腻、油性足、铺展性好等特性，在一块已上色的区域上，再涂上另外一种颜色，使其相重叠，混合产生一种新的颜色。或用几种颜色衔接过渡，而产生的一种自然的艺术效果，适合表现色彩变化比较微妙的物体。

2. 叠涂混色

在平涂过的色块区域进行覆盖叠涂，根据颜色的相加能够得到新的同色系或不同色系的颜色。比如浅黄加橘红得到橘黄、浅黄加浅绿得到蓝色。

3. 刮涂法

在纸上先用油画棒平涂，再使用画刀、针、梳子、黏土具刮出纸底色，呈现不同的花纹造型，体现出一种简明而独特的效果。或者在浅色卡纸上用油画棒涂上各种颜色，最后以一层黑色全部覆盖。后使用画刀、针、梳子、黏土工具刮出黑色下的彩色线条，画面效果对比鲜明。

4. 水油分离法

在油画棒绘制的画面上刷上水彩，产生明显的油水分离效果。由于油画棒以油和蜡为基料，水性颜料与附着在纸上的油画棒涂层不相容，一种独特的油水分离效果达到了。

图4-20　油画棒作品（1）　　图4-21　油画棒作品（2）

（二）水粉画

水粉画是以水粉颜料为主要材料，加以水调匀绘制成的。水的多少能够控制水粉呈现状态处于不透明或半透明，效果介于水彩画与油画之间的一个画种。色彩可以在画面上产生艳丽、柔润、明亮、浑厚等艺术效果。水粉画的基本技法有以下几种：

1. 干画法

水少粉多，调色时不加水或少加水，使颜料成一种膏糊状。绘画过程中先深后浅，从大面到细部，一遍遍地覆盖和深入，通过不断调入更多的白粉来提亮画面。干画法运笔相对涩滞、干枯，表现物体时相对肯定和明确，在精细刻画上多用。但需要注重落笔，力求观察准确，以防会造成画面干枯和呆板。但干画法的色彩干后变化小，画面色彩相对鲜艳。

2. 湿画法

与干画法相反，水多粉少。结合水彩画及国画泼墨的技法，也最能发挥水粉画运用"水"的好处，用水分稀释颜料渲染而成，得到明快与清爽的效果。由于水粉颜料颗粒粗，过多的涂抹会造成画面灰而平，下笔速度要快、准。画面上色彩借助水的流动与相互渗透，湿画法根据需要打湿局部或整体，使得色彩衔接自然。

3. 渐变混色与叠加混色法

渐变混色一般在湿画法中多用，借助水的晕染达到一种自然的渐变。叠加混色一般在干画法中去运用，不同的叠加会让最上面一层的颜色有不一样的呈现效果，营造一种视觉的冲击混色感。

（三）水彩画

水彩画也是用水调和透明颜料作画的一种绘画方法，颜料的透明性使其具有通透的视觉感觉，绘画过程中水的流动性可使画面产生一种明澈的表面效果，生成淋漓酣畅、自然洒脱的意趣。水彩画的基本技法有以下几种：

1. 干画法

干画法是一种多层画法，用层涂的方法在干的底色上着色，不求渗化效果，可以比较从容地一遍遍着色，较易掌握，适于初学者进行练习。

2. 湿画法

湿画法可分重叠和接色两种。重叠是将画纸浸湿或部分刷湿，未干时着色和着色未干时重叠颜色。接色是邻近未干时，水色流渗相接，交界模糊，表现过渡柔和色彩的渐变，接色时水分便函用要均匀，否则，水多向少处冲流，易产生不必要的水渍。

3. 渐变混色法

由于水彩所具有的透明感，运用干湿画法都能够使颜色混色自然，保留水彩本身的鲜艳、明亮。大都有干画、湿画结合进行，湿画为主的画面局部采用干画，干画为主的画面也有湿画的部分，干湿结合，浓淡枯润。

4. 撒盐法

在湿润的水彩纸上铺色，均匀撒上盐，其干燥后留下放射状肌理，可用作装饰背景。

（四）丙烯画

丙烯颜料是一种化学合成胶乳剂与颜色微粒混合而成的新型绘画颜料，具有水溶性，干燥后形成多孔质的膜，变为耐水性。色彩鲜艳、色泽鲜明、化学变化稳定，能重叠、柔软的颜料各层相互粘接，形成透明或半透明，附着力与耐久性强，适用于各类材质表层，特别是幼儿园户外墙壁的装饰。丙烯画的基本技法有以下几种：

1. 薄画法

使用水来稀释打薄颜色，一笔下去不重复不回拖，薄涂上色。也可以用较深的颜色进行薄涂，可以达到加深阴暗面的效果。

2. 厚涂法

由于丙烯颜料化学性稳定，比较厚重，可用画笔或者画刀直接沾上厚重的颜料，直接上色，并能反复上色进行覆盖。此方法能够充分保留笔触，呈现出厚重的肌理效果。

3. 薄擦法

先涂一层颜料，然后再涂一层不均匀的色彩。这层不均匀的色彩，使用或稀薄或浓厚的颜料，以略带倾斜角度的方式来回擦扫，在画面上呈现出富有特殊效果的笔触，并能微微透出底色，是加强画面生动性的一种特殊表现技法。

4. 滴、甩、拖、挤、压、刮等技法

绘画工具蘸取丙烯颜料，在各类材质底面上通过颜料自然的滴撒、甩落，或者挤压、刮抹营造特殊的画面肌理效果，呈现出抽象表现性。

（五）马克笔绘画

马克笔是一种书写或绘画专用的绘图彩色笔，本身含有墨水，且通常附有笔盖，一般拥有坚软笔头。马克笔的颜料具有易挥发性，常使用于设计图稿、环创标语、海报绘制等一次性的快速绘图，可呈现出变化不大的、较粗的线条，在线描表现图的基础上，也可以用其他材料和技法进行较深入的刻画，如彩色铅笔、水彩色等，以增加层次和立体感。马克笔分为油性马克笔、酒精性马克笔、水性马克笔。油性马克笔快干、耐水而且耐光性相当好，颜色多次叠加不会伤纸，柔和。酒精性马克笔可在任何光滑表面书写，速干、防水、环保，可用于绘图、书写、记号、POP广告等。水性马克笔则是颜色亮丽有透明感，但多次叠加颜色后会变灰，而且容易损伤纸面。马克笔绘画的基本技法有以下几种：

1. 平涂法

马克笔常用的一种笔触，它讲究快、直、稳的运笔和控笔能力。一般建议局部相对较远的距离可以用尺子画。

2. 扫笔法

一笔下去画出过渡和深浅的效果，常用于暗部过渡、画面边界过渡等。扫笔法讲究速度快，起笔较重，没有收笔，收笔笔尖不与纸面接触，是垂直飘在纸面上空。

3. 混色渐变法

用相同色系颜色进行过渡的渐变效果，或者使用透明马克笔在不同色系之间，进行过渡衔接晕染，可进行少量颜色的重叠，可以达到水彩那样通透明亮的色彩。

4. 与多种画材的结合法

用马克笔在硫酸纸上绘画，颜色干燥前进行调和，产生出水彩晕染的效果。还可以利用硫酸纸半透明的效果，在纸的背面用马克笔做渲染；用马克笔在明胶片上绘画，干燥前后都可以使用橡皮擦、刀片刮等方法做出各种特殊的效果；用马克笔在铜版纸上涂色，滴撒酒精或者用毛笔蘸取酒精晕染、覆盖，都能够达到特别的肌理效果。

（六）彩墨画

彩墨画是源于国画里水墨画的技法，用画国画用的毛笔绘制，用墨勾出轮廓线，使用各种颜料，可以是国画颜料、水粉、水彩等，不拘形式进行渲染。其基本技法除了传统国画的勾勒法、没骨法、填色法之外，还有多种适宜儿童操作的多元形式：

1. 揉纸法

将绘画所用的宣纸揉皱，画纸全部或局部发生凹凸不平，然后用大笔或排笔在画纸反面突起的部分着墨或色，使纸面呈现不规则的皲裂痕迹，类似斑驳脱落后的效果，相较画笔描绘出得更加轻松自然，在画面中可以渲染气氛，达到意想不到的效果。

2. 拓印法

利用不同材质的底板，例如木板、玻璃、各种布等，将墨或颜色涂在上面后用宣纸进行拓印，然后把获得的纹理加以想象创作。

3. 蜡画法

用固体蜡或加热后的蜡液，根据构思在宣纸上描绘出需要的图案，然后用墨色或彩色颜料涂在上面，干后可掰碎再涂颜色，可得到类似于与蜡染一般的效果。

4. 积彩法

也称泼彩法，根据画面构图、意境的需要，在一种色彩未干时有注入另一种或多种颜色，得到一种融合变化的效果，增强画面表现力。

（七）沥粉画

沥粉画源于我国古代建筑上的漆艺，以凸出的线条为画面形象的轮廓线，作为上色时色与色之间的界限。其材料需要特殊配制，作画时根据构图要求使沥粉材料从工具口中沥出在画布或画板上，描绘出形象，在艺术风格上强调装饰性，往往以我国传统图案为主要造型手段。沥粉画的制作程序较为讲究，先把画稿拷贝在画面上，然后根据线稿沥粉，等粉线干透后设色、贴金。一般沥粉画用色可单纯些、浓重些，因为金银在较重的底子上可产生最佳的装饰趣味。沥粉画的一般制作步骤为：

第一、用五合板或三合板裁好合适尺寸的，在背面钉骨架。

第二、在钉好的板面上涂一遍白乳胶，然后用白粗棉布铺上板面，拉平，用手或排刷压、扫平，待白乳胶干后即可使用。

第三、用铅笔或炭笔打草图。

第四、白乳胶与立得粉调和成浆状，灌入空白乳胶瓶内，用刀将白乳胶瓶的口切成与线条粗细一致的口，用手挤白乳胶瓶，沿着画面的轮廓线沥线。如果没有白乳胶瓶，可用毛笔调沥粉浆沥线。

第五、沥完轮廓线后，用笔调水粉、丙烯或油画颜料绘制画面。

第六、填涂颜色完成后，用毛笔调金、银粉，描画线条，完成后画面干净、华丽。

二、纸艺类

纸艺，广义指包括造纸艺术在内的所有与纸有关的工艺；狭义指的是以各种纸张、纸材质为主要材料，通过剪、撕、刻、拼、叠、揉、编织、压印、裱糊、印刷、装帧或者高科技（如激光）等手段制作而成的平面或者立体的艺术品和纸艺作品。

（一）剪纸

剪纸是一种用剪刀或刻刀在纸上剪刻花纹，用于装点生活或配合其他民俗活动的民间艺术。在中国，剪纸具有广泛的群众基础，交融于各族人民的社会生活，是各种民俗活动的重要组成部分。剪纸的基本技法有以下几种：

1. 折叠剪法

剪纸技法中最基本的一种，也是单色剪纸采用的一种表现手法，将纸折叠后剪纸后产生重复的图案，它所产生的不同效果取决于折叠的次数和角度。由于折叠出的是对称性强的纹样，所以剪出的图案更具秩序与韵律感。

2. 阴刻与阳刻

阴刻，即镂刻，剪去或刻去就是刻去表示物象结构的轮廓线，在大的块面中表现线条的方法，厚重、结实的分量感能够产生一种强烈的黑白对比感，被剪刻去的空白组成图案，线与线不相连接。阳刻，即镂刻，正好与阴刻相反，剪去或刻去空白部分，保留轮廓线。图案的线条是实心，线线相连看起来流畅、清晰，画面玲珑细致。在同一幅作品中出现阴阳刻两种方法，使构图变化多样，画面中黑、白、灰对比鲜明，是一种表现力很强的剪纸技巧。

3. 刺孔法

用剪刀或刻刀在纸上剪刻出基本轮廓，然后用针在图案上刺孔，主要是让多层纸连接，同时于粗糙中见细致。

图4-22　刻纸作品

（二）撕纸画

撕纸是一种类似剪纸但和剪纸不同的平面镂空艺术，其创作不需要画草稿而且不需要工具，其基本技法主要运用大拇指和食指中指的配合，左手主要进行辅助工作。撕纸作品也可以像剪纸一样阴阳剪刻，这样的镂空艺术可结合背景底板进行展示。如果撕纸分为多个部分的结合，即可在底板上进行拼摆。

图4-23　撕纸作品（1）　　　图4-24　撕纸作品（2）

（三）纸雕

纸雕，也叫纸浮雕，源于民间传统折纸手工艺，以各类纸质品为素材，通过切、剪、折、卷、叠、粘等技法，使用刀具塑型，创作出变化无穷的纸质雕作品，结合了绘画及雕塑之美，并且较平面艺术多了立体发展的空间，产生了有趣的光影变化，广泛应用在环境场景布置、装饰卡片等方面。纸雕的基本技法有：

1. 直线压折法

根据形象利用不同的折线方法折出直线、曲线，使纸张更具有立体感，会产生不同的结构关系和凹凸变化，折的过程中尽量简单化，例如树叶、花卉、头饰等折线的制作技法。

2. 切割法

通过平面切口，然后沿切开的地方重叠折曲为立体形态。

3. 卷曲法

根据作品需要将纸塑制作成立体或半立体形状，需要使用粗细不同的笔杆或小圆棍将纸压卷成型。在制作过程中，要通过笔杆或小圆棍均匀地在纸片上滑动成弧状、波浪状等形态。

4. 编插法

根据制作需要，将纸切割成条状的平面纸条，互相编织在一起，用不同颜色的纸条编在一起，会产生立体感和层次感，具有很漂亮的装饰效果。

（四）衍纸

衍纸艺术又叫卷纸装饰工艺，是一种简单而实用的生活艺术，以专用的工具将细长的纸条一圈圈卷起来，运用卷、捏、拼贴组合成各类复杂的图案，常被运用于卡片、装饰等。衍纸的基本技法有以下几种：

1. 卷

将细长条的衍纸条借助工具卷成一个个小卷备用。

2. 捏

将小卷的形状通过捏、刮成所需要的样子，之后将一个个小卷组合成完整的造型，用白乳胶固定在底板上。

图4-25　衍纸作品（1）　　图4-26　衍纸作品（2）

三、可塑类

（一）泥塑

泥塑在民间俗称"彩塑""泥玩"，是一种古老常见的民间艺术，即用黏土塑制成各种形象的一种民间手工艺。制作方法是在黏土里掺入少许棉花纤维，捣匀后，捏制成各种人物的泥坯，阴干后涂上底粉，再施彩绘。它以泥土为原料，以手工捏制成形，或素或彩，以人物、动物为主。泥塑的基本技法有以下几种：

挖空成型法：挖空法为了稳住重心和节省材料，在造型时先不考虑泥坯的厚度，完全以实心成型，待到外部稍硬一些时候，再切成若干部分，挖去内部使之成微空心，局部再用泥修接。

泥板成型法：泥板法利用厚薄不同的泥板垒接或切割出自己想象的形状，并通过各种泥塑技法做出点、线、面和肌理效果进行装饰。

泥条盘筑法：泥条法即用手极泥搓成长条，再把泥条围起来，使它成为一种器物，在制作时不要多压，而要尽量保留各种形态的泥条。

手捏成型法：手捏法这是泥造型中最简单、最实用的方法，可用整块泥塑造形象，局部再用手拉、捏、搓、卷、压、插、接、贴等技法刻画。

（二）面塑

面塑，俗称面花、礼馍、花糕、捏面人等，是指以面粉、糯米粉、甘油或澄面等为原料制成熟面团后，用手和各种专用塑形工具，捏塑成各种花、鸟、鱼、虫、景物、器物、人物、动物等具体形象的手工技艺。面塑的基本技法有以下几种：

搓：两个手的手心相对，把面放在手掌中间，手指伸直并拢，双手来回做相反方向的运动。搓的作用是面团变成长条形或是圆柱体，用不同的方法搓，还可以产生不同的效果。

捏：拇指和其他手指相向用力的动作。一般以拇指和食指，中指相向用力为主，无名指和小指起辅助作用。捏是面塑制作的主要手法之一，可以做出所需要的任何一种形状。

团：是双手手心相对按顺时针或逆时针方向做圆周运动，团的结果一般是把面加工成球的形状。

压：两手手心相对，把面放在中间，手掌或手指相互用力，把团状或块状的面加工成扁扁的开关的动作。也可以把面放在垫板上，用一只手向下压，也可达到相同的效果。

（三）黏土塑

随着现代工艺的日渐发达，可塑类的材料也更加丰富。替代传统工艺黏土的材料丰富多元，有油泥、紫砂泥、超轻黏土、软陶等。其制作手法类融合了泥塑与面塑的基本技

图4-27 超轻黏土作品（1）　　图4-28 超轻黏土作品（2）

法，在材料的保存上具有一定的便捷优势。在目前幼儿园环境创作中，广泛实用的黏土塑材料为超轻黏土，较之传统塑材具有新型环保、无毒、自然风干等优势，色彩丰富，使用轻便不粘手，作品不需烘烤，自然风干，干燥后不会出现裂纹，具有广谱适用性。其基本技法主要是运用手指巧妙配合，进行捏、搓、揉，完成基本作品形态，加以工具使用，掀、切、刻、划的手法将作品细节具体呈现。

四、综合材料类

材料作为美术操作的重要部分，是艺术创造的中介与桥梁。而综合多样的材料能够激发大家更多的创作想法和兴趣，综合材料可简单分为天然材料和生活废旧材料。

1. 天然材料

生活中的天然材料是指自然界原来就有未经加工或基本不加工就可直接使用的材料。如砂、石、木材、松果、果壳、花瓣、豆子、蔬菜、水果等。利用这些天然材料，可以进行制作果壳拼贴画、树叶拼贴画、种子拼贴画等。

2. 生活废旧材料

生活废旧材料指生活中的一些无毒无害的废旧居家生活用品，包括废旧报纸杂志、纸箱纸板等纸制品，空瓶空罐等塑料制品，旧衣服毛巾等棉制品等，动手DIY后都能够变废为宝，成为创意手工制作品。例如，雪糕棒手工小屋、吸管装饰画、棉签小羊、马赛克拼贴画、布艺拼贴画等。

图4-29　综合材料类作品（1）

图4-30　综合材料类作品（2）

【思考与训练】

1. 简述幼儿园墙饰设计的基本步骤。

2. 以《爱护大自然，环保记心间》为主题，设计一幅幼儿园墙饰设计稿，用文字说明作品的构思、构图、表现技法等。

第五章　基于主题活动的幼儿园环境创设

扫码获取
拓展资源

第一节　主题活动环境创设概述

主题活动以其多方面整合教育资源的优势性逐渐成为幼儿园的主要教学活动形式，具有教学时间的阶段性和教学内容的递进性特点。根据主题活动开展的相应环境创设，是配合多领域渗透式教学活动的幼儿园环境呈现方式，它主要包括主题墙饰、主题活动延伸生成的区角游戏环境布置以及体现在公共活动区域内的功能性墙饰环境布置等。

一、主题活动的内涵

所谓主题活动，指在一段时间内，教师根据幼儿园教育目标和内容以及本班幼儿身心发展水平和已有经验，把幼儿可能感兴趣的某种现象、事物等，作为一段时间内幼儿学习的中心内容，引导幼儿围绕这一核心概念开展多领域之间相互渗透式的多样性交互式活动形式，以达到预设的教育和发展目标。

主题活动是一个在时间上具有延续性的，在内容和组织上具有综合性的系统工程。幼儿园主题活动需要一定的时间跨度，根据内容可定为若干天至若干周不等，在主题活动时间跨度内，都围绕同一个主题线索所生成的系列活动。在内容上综合了幼儿健康、社会、科学、语言、艺术五大领域，以及认知、情感、能力等方面内容。在组织形式上，以集体活动、分组活动为灵活方式，融合了不同性质的教学活动、游戏活动、生活活动等组织形式。

二、主题活动环境创设的表征

主题活动环境创设的表现形式主要涵盖教学主题墙饰、主题活动延伸生成的区域游戏环境以及公共活动区域环境等。从当前主题活动展示区域的设置来看，幼儿园大多数采取主题墙饰的方式，主题墙是幼儿园主题活动环境创设的核心与重要表现形式，是以主题活动内容为背景，充分利用班级墙面和幼儿一起创设的与主题活动发展相适宜的内容。班级主题墙饰作为一种教育环境，以隐性教材的呈现方式，经历着一个递进性的创设过程，也是一种以幼儿发展为本的开放式教育模式，其创设的目标与教育目标是一致的。主题墙新颖独特的版面设计构图、生动丰富的装饰形象，潜移默化的给幼儿以美的熏陶，拉近幼儿对美的感受和体验，其创设形式具有独特的审美表现特征。

（一）感官的艺术性

主题墙的呈现对象是幼儿，因此必须从幼儿的审美感知经验作为落脚点。在设计的构图上要饱满、概括、突显主题。装饰形象上尽量选择幼儿所喜爱的简洁明快、可爱活泼的造型，使之与幼儿好动、富有好奇心的特点相契合。色彩构成上尽量使用明度、纯度较高的搭配，墙饰整体形成一种主旋律色调，配饰颜色注意与主色调的协调性与呼应性，从而产生和谐稳定的审美愉悦感。

（二）资源整合的教育性

主题墙饰创设的来源基于幼儿的基本经验以及幼儿的发展需要，并结合集体教育活动、区域活动、生活活动等多种活动以满足幼儿不同方面的发展需要。在内容选取上，依据《幼儿园教育指导纲要（试行）》中五大领域目标，立足于幼儿的兴趣、需求和发展，从而促使幼儿在与主题环境对话和交流的过程中获得知识、发展能力，从整体上促进幼儿的全面发展。

（三）交互式体验性

主题墙饰创设的过程应注重幼儿思维与行为的高度参与，有机地将主题墙饰内容与班级教学活动相结合，逐步使幼儿在探索中学会发现规律，在解决问题中学会积极思考，同时注重激发幼儿自主参与到墙饰创设中来的互动参与性。与同伴互动，体验相互学习与合作能力；与教师互动，体验幼儿的求知、探索的欲望；与家长互动，体验亲子共同参与的收获。在一系列互动的过程中，幼儿将不断享受与环境交互的快乐，真正成为环境创设的主人。

三、主题活动环境创设的实施路径

（一）主题活动环境创设的整体思路

主题活动展示区的环境创设通常以主题的推进为线索，环境创设应根据主题开展的需要，引导幼儿共同参与创设与主题相关的各区域环境。一个完善的主题活动展示区的环境创设思路基本分为五个步骤：

第一，根据主题活动推进的活动环节，确立若干个主题活动环境布置的展示区域。

第二，根据主题活动核心目标，将主题活动各环节内容转化成为相应的艺术形象，体现在各区域的环境布置中。

第三，在主题墙上清晰划分版块内容，创设体现主题活动核心目标的艺术形象。

第四，用多元化的形式来装饰、体现主题活动以及实施中各环节的活动成果。

第五，系统化地将各个展示区域成果巧妙串联成有主题线索支撑的整体。

（二）主题活动展示区环境创设的基本要求

1. 适宜幼儿的发展水平

在布置主题展示区时，首先要考虑到幼儿的可参与性，通常高度设置在1.5米以下，表现手法尽可能多地以图片和实物呈现为主。对于小班和中班的幼儿来说，图片和实物能使展示区看起来直观生动，更符合这个阶段幼儿的年龄特征和兴趣需要，大班时可以逐步增加文字到主题展示区中。

2. 鼓励幼儿参与环境布置

教师应通过启发和鼓励来引导幼儿参与环境布置，有目的、有计划地组织幼儿参与设计、收集和准备资料、布置和管理等环节。

3. 合理利用主题展示区的空间

在主题活动中，善于利用室内各种活动区角以及玩教具、活动材料的储物柜的空间，因地制宜利用墙面与空间的呼应，采取多元化途径来穿插展示幼儿的作品。

（三）主题活动展示区环境创设的把握要点

1.个性与共性的整合

主题活动环境创设的内容设计是紧紧围绕主题活动线索来展开的，用于表现其内容的方式与资源是具有多样化整合性的。活动室的每一个空间区域，主题墙饰中的每一个细节都应围绕主题活动及其延伸内容而设置。在主题活动环境创设中，教师应当特别关注幼儿个性群体的兴趣点和经验，利于幼儿能够融入对主题的理解、感受和想象。在资源利用上，幼儿的美工作品、生活中的废旧材料与各类玩具、可利用的自然物、教师编创的故事、歌谣以及图片资料，都是可以充分整合与利用的素材。

2.渗透式的教育内容

主题活动是教师与幼儿围绕主题目标开展的开放式的探索过程，是通过某一个领域的教育活动，来实现主题活动总的教育目标或者分层目标，发散于各个领域内容的探索与融合。一个主题与各类子活动设计相互有机渗透，同时也遵循领域自身的逻辑性——既包括领域间的渗透也包括领域内的渗透。各领域相互之间的联系和渗透，可为幼儿提供一个整体性的、生活化的教育环境。

3.递进性的教育过程

递进性是指环境的创设理念要随着主题活动的生成和推进而逐步深入，展现出主题活动传递知识的层层递进关系。这是基于幼儿获取经验是呈螺旋式、动态化的上升趋势。主题活动的递进式教育符合幼儿探索、体验、成长的过程，再现了幼儿与生活之间真切情感交互与对话过程。环境创设的过程不是一成不变的，要随着活动的开展和幼儿的反馈性做出调整、归纳、梳理和互动，让幼儿能感受到延续性的主题氛围，在活动过程中能及时看到自己的作品和学习成果，体验到收获的成就；让幼儿在主题探索的过程中，循着主题内容而进行思考和提出疑问，及时地解决、消化与吸收，达到有效探索的目的。

【主题活动创设案例】

《我是中国人》（大班主题活动）

【活动背景】

孩子关于祖国的经验一般来自幼儿园每周一次庄严的升旗仪式、国庆节气势磅礴的阅兵式、运动赛场上的雄壮的国歌和高高飘扬的五星红旗……每当孩子听着雄壮的国歌，看着高高飘扬的五星红旗，"我是中国人"的自豪感便油然而生。《我是中国人》的主题活动是让孩子通过与同伴的分享唤起已有的经验，了解中国这幅绚丽多彩的画卷，欣赏祖国异彩纷呈的传统文化以及不同民族的风土人情，从而萌发爱国之情，激发自己是中国人的自豪感。

本主题活动通过"了不起的中国人""首都天安门""旅行去""多彩的民间活动""欢腾的国庆节"五个活动递进展开。从自身作为中国人开始，激发幼儿的主人翁意识，知道自己是中国人，对中国的一些代表性建筑有所了解。通过旅行经验，了解祖国的大好河山，结合各地民间民俗使孩子从经验分享、材料收集、认识学习的过程中将逐步深入了解。最后"欢腾的国庆节"中让孩子领略中华民族的传统与文化，在与中国元素的碰撞中产生对祖国的亲近之感。

[思路图]

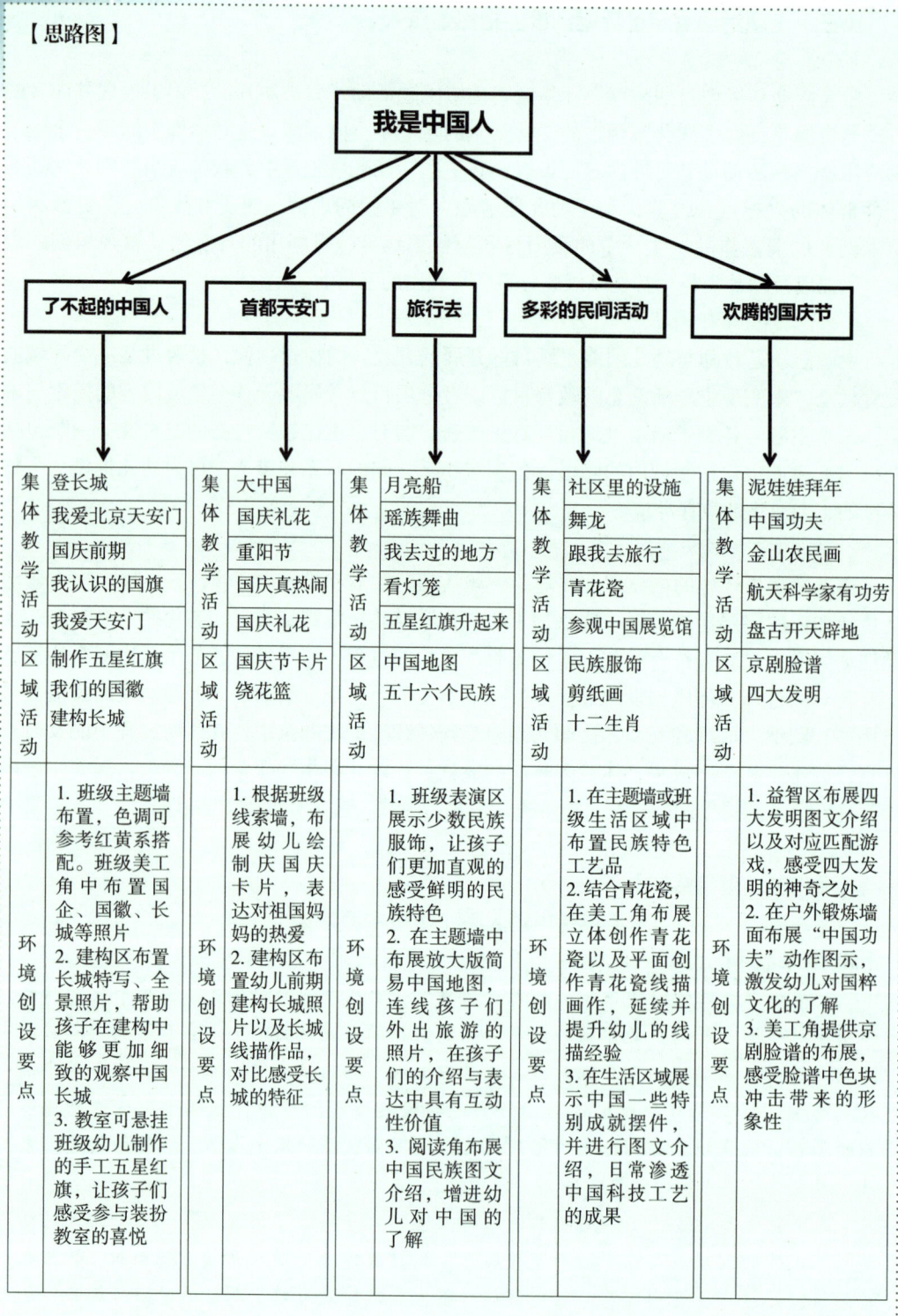

	了不起的中国人	首都天安门	旅行去	多彩的民间活动	欢腾的国庆节
集体教学活动	登长城 我爱北京天安门 国庆前期 我认识的国旗 我爱天安门	大中国 国庆礼花 重阳节 国庆真热闹 国庆礼花	月亮船 瑶族舞曲 我去过的地方 看灯笼 五星红旗升起来	社区里的设施 舞龙 跟我去旅行 青花瓷 参观中国展览馆	泥娃娃拜年 中国功夫 金山农民画 航天科学家有功劳 盘古开天辟地
区域活动	制作五星红旗 我们的国徽 建构长城	国庆节卡片 绕花篮	中国地图 五十六个民族	民族服饰 剪纸画 十二生肖	京剧脸谱 四大发明
环境创设要点	1. 班级主题墙布置，色调可参考红黄系搭配。班级美工角中布置国企、国徽、长城等照片 2. 建构区布置长城特写、全景照片，帮助孩子在建构中能够更加细致的观察中国长城 3. 教室可悬挂班级幼儿制作的手工五星红旗，让孩子们感受参与装扮教室的喜悦	1. 根据班级线索墙，布展幼儿绘制庆国庆卡片，表达对祖国妈妈的热爱 2. 建构区布置幼儿前期建构长城照片以及长城线描作品，对比感受长城的特征	1. 班级表演区展示少数民族服饰，让孩子们更加直观的感受鲜明的民族特色 2. 在主题墙中布展放大版简易中国地图，连线孩子们外出旅游的照片，在孩子们的介绍与表达中具有互动性价值 3. 阅读角布展中国民族图文介绍，增进幼儿对中国的了解	1. 在主题墙或班级生活区域中布置民族特色工艺品 2. 结合青花瓷，在美工角布置立体创作青花瓷以及平面创作青花瓷线描画作，延续并提升幼儿的线描经验 3. 在生活区域展示中国一些特别成就摆件，并进行图文介绍，日常渗透中国科技工艺的成果	1. 益智区布展四大发明图文介绍以及对应匹配游戏，感受四大发明的神奇之处 2. 在户外锻炼墙面布展"中国功夫"动作图示，激发幼儿对国粹文化的了解 3. 美工角提供京剧脸谱的布展，感受脸谱中色块冲击带来的形象性

思路图由南京市第三幼儿园端木和清提供

四、各年龄阶段主题活动环境创设要点

（一）小班主题活动环境创设要点

小班的主题墙内容较为简单，他们的年龄特征决定了他们对环境的认识是感性的、具体的、形象的，更容易在一种生活化、情景化的环境中产生互动。

1. 内容的适宜性与丰富性

小班的主题活动内容知识层面较简单浅显，教师要尽可能的丰富主题墙的内容，以幼儿身边熟悉的事和物作为切入点，激发出幼儿的共鸣和兴趣。

2. 幼儿的参与性

鼓励幼儿大胆的加入主题墙的创设中，可以运用谈话法与幼儿进行沟通交流，在主题墙上进行归纳式呈现，融入幼儿的美术作品，包括手印、标记、特殊符号、粘贴画等多元化方式，激发幼儿的参与性。

3. 直观的表述形式

积极使用图片、照片的直观形式，记录主题活动中幼儿的思维发展过程，以绘画、表格、图式等显而易见的形式，进行归纳和总结。

【主题活动教学案例】

探秘春天（小班主题活动）

【活动背景】

春天是万物复苏的季节，是植物开始发芽生长的季节。天气转暖，公园里到处洋溢着春天的气息。孩子们对周围的花花草草、大树植物、泥土里的小虫子特别感兴趣。

课程游戏化的支架五提出：每所幼儿园收集园所附近一定范围之内的各类自然资源、社会资源和人力资源，形成本幼儿园的教育资源地图。依据《指南》预设有可能引发的幼儿的学习及经验，在《探秘春天》主题活动的开展中，我们打破了传统的在幼儿园里以五大领域主题活动和区域为主的形式。将幼儿园旁边的公园这一直接的自然资源充分利用，将主题活动与自然相融合，通过带孩子一次次的行走，让孩子在与自然零距离接触的过程中感知、发现、探究、成长。从公园里的初春印象，到聚焦、探究大树的秘密，再到发现生命、探究生命、珍爱生命。逐步使儿童发现感受春天，寻找春天，探秘春天。

【活动目标】

1. 寻找并观察公园里的树，亲子或与同伴共同参与测量、写生、挖土、寻宝等活动。
2. 运用各种感官探究大树，感受春天到了，树木的变化。
3. 乐于参与户外探究活动，增进亲子、同伴间的感情，进一步发现并感受春天的秘密。

【环境创设要点】

《探秘春天》主题的环境创设基于一棵"大树"设计而成的树林造型为主题背景，通过"古林探春""春天的模样""大树的秘密"等活动的进程轨迹，诸如照片、绘

画作品、语言表征、调查表等内容，以阶段性表现的方式去逐一呈现。

古林探春——幼儿根据已有经验进行关于春天的表征畅想与语言表达记录，用照片记录下在古林公园行走活动的精彩瞬间与发现。

春天的模样——带领幼儿共同感受春的颜色与植物的萌发变化与行走中的发现。通过和中大班哥哥姐姐的合作写生，用画笔记录下自己心中春天的模样，用于教室的墙面布置。

大树的秘密——寻找我喜欢的大树，将幼儿与家中共同完成的海报"我最喜欢的大树"展示于教室墙面，进行互动式的环境布置，幼儿可以相互欣赏、交流。同时，分类展示亲子活动幼儿的作品、活动照片、小发现、亲子调查表等。将幼儿多次行走观察到的不同模样的树，结合美工区不同表现形式、不同年龄段的作品进行"古林踏春"的绿野仙踪作品展示，呈现春天公园里的树林。

【活动过程】

1.前期准备活动

古林探春——第一次走进公园，孩子们发现了盛开的迎春花，看见满园的梅花树。梅花没有完全盛开，但孩子们关注到了梅花树树干的"婀娜多姿"，印象深刻，边观察，边讨论。看到公园里还有一些枯枯的大树上什么也没有。

春天的模样——回到教室用孩子们自己的方式（语言表征、动作表征、作品表征）表现出了对"春"的印象。

2.主体活动——大树的秘密

（1）幼儿按照预先自由结对的混龄小组，根据活动记录表和家长一起检查出发前小组需要的材料和工具。

（2）亲子集体行走至园所附近的古林公园，寻找合适的空地，教师介绍活动安排和注意事项：分组挖土，寻找泥土里的朋友；探究我喜欢的大树并集中分享；亲子游戏——给妈妈祝福，并表演节目。

注意事项：在活动中家长注意孩子安全，用相机以照片或小视频的形式记录下活动过程和精彩瞬间。将调查表、画纸、收集到的泥土、小昆虫妥善保管。

（3）在大树周围寻找适宜种植的泥土，挖土寻找泥土里的朋友，用空瓶子等器皿收集。

（4）在公园的树林里寻找自己最喜欢的树。鼓励幼儿看一看，摸一摸，抱一抱大树，用身体进行测量，和小树、大树比身高等。家长将幼儿的发现记录在表上，并与幼儿共同观察、发现大树的秘密。

（5）全体集中，幼儿简单分享探究的收获。

（6）彩虹伞活动——我和妈妈亲又亲。

（7）表演早操、儿歌，给妈妈送礼物和祝福。

（8）亲子共同返回教室，师幼共同将收集到的泥土、虫子、寻找的宝贝布置在教室里相应的区域内。

3.区域活动

（1）将幼儿收集到的树皮、树叶、昆虫、泥土等宝贝展示在科学区供幼儿进行观察与讨论。并提供相应的配对卡等区域操作材料，引发幼儿对春天秘密的持续探究兴趣。

（2）在公园里挖到的泥土放置在种植区不同的盆盆罐罐中，供幼儿进行春季种植活动。

（3）结合小班幼儿年龄特点，在美工区提供搓柳条、手指点画、喷画等美工活动材料，鼓励幼儿大胆表现古林公园里的树。

4.延伸活动

（1）基于亲子探究活动"大树的秘密"，可以开展——喜欢的大树、收集大树的宝贝、分享大树的秘密等系列的探究活动，可以通过制作亲子小报，混龄集体同伴的分享等形式去了解更多关于大树的知识。

（2）认养一棵树，和哥哥姐姐一起制作大树的名片，利用每次的行走活动去照顾和关爱植物。

（3）观察大树的生长变化，寻找泥土里的小生命，进一步了解昆虫和大树生长的关系。通过行走关注季节变化带来的其他新的发现和感兴趣的内容。

（4）继续利用植树节、生命月等校园文化和节日活动丰富幼儿的体验，尝试照顾植物，关爱生命。

案例由江苏省省级机关实验幼儿园陈晓娇提供

（二）中班主题活动环境创设要点

中班孩子的能力有了明显的提高，能够自主地用丰富的形式表达和表现自己的想法，因此在主题墙创设方面，教师要为幼儿提供更多的空间和平台，建立一个资源载体，作为引导和激发幼儿互相学习、分享经验的辅助手段。教师可在活动之前根据幼儿的兴趣点组织主题活动内容，在教学过程中细致捕捉有价值的线索，考虑各种发展的可能性，挖掘主题教育的潜在价值。在创设过程中，可以对幼儿提问、观察幼儿的交流、收集有价值的作品，以此对主题活动开展的经验进行归纳和梳理，从而帮助幼儿建构和巩固知识体系。

1. 丰富的领域性

在创设的过程中，教师要平衡各个领域的学习内容，可对主题活动中适宜的领域稍做偏重，利用墙饰内容引导孩子拓宽眼界，激励孩子积极探索。

2. 创设形式的多样化

主题墙创设以综合性的多元化美工方式对墙面进行装饰，积极利用幼儿的美术、手工作品，如做记录的调查表、绘画作品、探索后的手工剪贴图形式等去进行二次加工，充分利用。

【主题活动教学案例】

秋叶（中班主题活动）

【活动背景】

秋天是色彩绚丽的季节，也是丰收的季节。一叶知秋，在孩子们眼中，落叶成了秋天最明显的标志。树叶漫天飞舞，纷纷落地，红色、绿色、金黄色的树叶到处可见。满地金黄色的落叶总是让孩子们在散步、玩耍的时候忍不住将它们捡起来。秋天里孩子们随处可见，随时可以拿到的树叶，成了他们游戏的材料。树叶也是在秋天这一特殊的季节里，孩子们最常见、最喜爱的自然物。

《3-6岁儿童学习与发展指南》中指出：幼儿的学习是以直接经验为基础，在游戏和日常生活中进行的。最大限度地支持和满足幼儿通过直接感知、实际操作和亲身体验获取经验的需要。秋天到了，树叶为什么会变颜色？为什么有的树叶会从树上飘落下来，有的树叶还是绿绿的留在大树上呢？关于树叶，孩子们总有问不完的问题。亲近大自然，收集各种各样的树叶，将树叶带到班级里，孩子们零距离观察、感知、探究与发现，用各种艺术形式表现树叶的美，一场关于秋叶的探究活动，随着秋天的到来开始了。

【活动目标】

1. 仔细观察叶脉，知道每片树叶上都有叶脉，不同的树叶叶脉不一样。
2. 尝试用黏土、油画棒、颜料等工具拓印叶脉，探究拓印方法。
3. 能主动参与探究活动，感受探究、发现的乐趣。

【环境创设要点】

《秋叶》的主题环境创设，以"叶·脉"为题，既蕴含着在《秋叶》主题中班级幼儿聚焦探究叶脉的班本课程方向，同时也代表记录幼儿探究叶脉主题脉络的含义。以树枝加梧桐树叶进行主题环境的装饰，用制作的梧桐树叶形记录探究活动进程背景。从我发现的秋天、玩树叶、观察叶脉、叶脉拓印、叶脉添画等几个进程进行探究线索进程的布置，营造秋天的梧桐树环创氛围。

秋叶作品布置，以幼儿用各种材料拓印的叶脉作品，画架摆放展示在教室区域。树叶创意添画、叶脉拓印添画等作品用树枝和梧桐树叶悬挂在美工区上方。吹画秋叶、树叶喷画、制作的叶脉等作品悬挂、张贴在作品墙上。以梧桐树叶和树枝营造秋天落叶的主题背景。并将秋叶用作美工区区域装饰布置，分类投放在科学区等，让整间教室到处都有秋叶，营造浓浓的秋叶主题氛围。

【活动过程】

1.前期准备活动

活动1：我发现的秋天

在小区或公园寻找秋天，将找到的秋天的痕迹带到幼儿园里。通过分享，总结秋天的特点，属于秋天的自然变化、丰收的果实、秋天盛开的花卉、秋天的树叶等。聚焦孩子们对于秋天感兴趣的内容。

活动2：玩树叶

师幼共同在幼儿园里寻找和收集各种各样的树叶，看、闻、摸、捡，用多感官感知落叶。将树叶扔到空中，用各种形式和同伴一起玩树叶，并将自己喜欢的树叶带回班级，分类摆放到科学区，引发幼儿关于秋叶的持续探究。

活动3：落叶树和常绿树

认识落叶树和常绿树，了解其不同特征。通过幼儿园里树叶的观察和记录，发现落叶树和常绿树。在科学区活动区，不断将幼儿在生活中发现的相应种类的树叶进行分类和收集。

活动4：观察叶脉

通过图片观察树叶的叶脉，猜想并收集各种工具尝试观察叶脉。利用手电筒、小电灯、放大镜、眼镜、手机等工具进行观察，幼儿在实际操作中验证自己的猜想，总结哪些工具可以观察到叶脉，并用表征的方式记录自己观察到叶脉的样子。

2.主体活动——树叶拓印

（1）叶脉，我发现——师幼共同回顾观察叶脉的工具。请幼儿自由选择不同的树叶，用工具观察叶脉，并说一说自己的发现。

（2）拓印叶脉的讨论——每片树叶都有叶脉，树叶的叶脉各不相同，有的是竖着的，有的是相互交叉的。你们能把树叶的叶脉印出来吗？可以用哪些工具拓印？

幼儿讨论拓印叶脉的方法和使用工具。幼儿分组准备拓印叶脉的工具。

（3）幼儿尝试用牙刷和颜料、黏土、油画棒、颜料和水粉笔等工具拓印叶脉，教师观察并进行个别指导。

（4）师幼共同交流拓印过程中的发现——使用不同的工具拓印，有什么发现呢？

小结：牙刷可以印出树叶的形状，但叶脉拓印不下来。用颜料、黏土、油画棒都是可以拓印出树叶的叶脉的。

（5）师幼共同欣赏拓印作品。

3.区域活动

美工区：拓印叶脉，线描叶脉，描画叶脉等。提供有关各种树叶以及叶脉的图片等资料在科学区引发幼儿观察和探究。

科学区：树叶和叶脉的配对游戏。将不同树叶和相应的叶脉提供在科学区，鼓励幼儿进行配对。

4.延伸活动

（1）将各种树叶和拓印工具提供在美工区，鼓励幼儿在区域活动时继续拓印叶脉，交流更多的发现，探究如何清晰地将叶脉拓印的方法。

（2）亲子探究制作叶脉书签的方法，在家尝试制作。通过观看视频，了解制作树叶书签的方法，尝试在家里和爸爸妈妈一起制作树叶书签。

案例由江苏省省级机关幼儿园陈晓娇提供

（三）大班主题活动环境创设要点

大班的孩子各方面心智能力已趋于成熟，在进行创造和探索活动时有独立的思考能力，教师所需做的是为他们搭建一个富有层次性的主题环境平台，同时注意不同孩子对于主题内容的不同理解，以及所蕴含的不同情绪，所以在制作和呈现主题墙的时候，要考虑到共性与个性的共存，根据班级孩子的特点而有所偏重。

1.内容的深度性

对大班孩子的要求不仅仅是在领域的广度上，还要有深度挖掘和探索的能力，教师可组织班级孩子成立兴趣小组，对自己感兴趣的事物进行深入的探索，可借助家长的力量、社区资源，在此过程中获得更多的探索方式。

2.自主空间的拓展

主题墙面板块要划分明确，为大班孩子留下自主拓展的空间，自己分类、归纳知识点、梳理经验。

【主题活动教学案例】

你好，冬小麦（大班主题活动）

【活动背景】

陈鹤琴先生说：大自然，大社会都是活教材。自然是作为工具和资源存在的。自然是儿童的生活场景，是引发儿童不断探究和发现的天然教育资源。幼儿园里的小菜园是小朋友们每学期跟自然互动最频繁的场地。长长的假期里，小朋友们种的冬小麦慢慢长大了！播种、浇水、照顾、观察、收获，孩子们一直参与着生命的成长。

冬小麦是人们生活中最常见的食物原料，而生活在城市里的孩子们大多不知道冬小麦是什么样的，常见的面条、馄饨皮、饺子皮等都是用小麦粉做成的。小菜园里现成的冬小麦资源，是幼儿探究、发现的直接途径，孩子可以与冬小麦零距离感知，并和生活中熟悉的食物链接，从而引导儿童亲近自然，关注生命的成长，在过程中不断丰富对于冬小麦的经验认知，促进经验的生成。

【活动目标】

1.近距离观察冬小麦，欣赏凡·高《麦田》系列作品，进一步加深对冬小麦和麦田的印象。

2.自由选择材料，尝试用水粉、棉签、实物创意画等形式表现冬小麦或麦田的样子。

3.大胆表现自己的想法，体验创作的乐趣。

【环境创设要点】

《你好，冬小麦》主题的环境创设分为线索进程和作品展示两块内容布置。

线索进程以"你好冬小麦"为主题，字体颜色从绿到黄，体现冬小麦的生长过程颜色的变化。从冬小麦是什么样的，冬小麦怎么了，照顾冬小麦，收割冬小麦，冬小麦变变变几个主要进程记录幼儿探究的主题活动过程。用冬小麦生长过程照片、幼儿作品、表征、探究过程照片、对话发现的语言、实物图片、操作成果实物展示等，进行记录和布置。线索墙周围用冬小麦装饰，营造小麦田氛围。

作品展示以专门的作品展示墙和美工区等教室区域作品布置为主。作品展示墙中以幼儿用水粉、棉签写生的冬小麦作品，模仿大师系列作品用水粉画的麦田和冬小麦实物进行的创意画展示。周围以冬小麦实物零散布置成小麦田的主题氛围。区域里以幼儿冬小麦写生作品结合植物进行创意摆放展示。

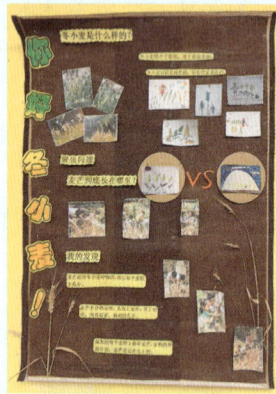  

【活动过程】
　　1.前期准备活动
　　活动1：你好，冬小麦
　　放假前，小朋友们撒下的冬小麦种子才刚刚长出小芽。在这个长长的假期里，冬小麦变成什么样了呢？通过教师两次在小菜园里拍摄的视频和图片，引发幼儿关注冬小麦的生长变化过程，孩子们拿起画笔用自己的方式记录下冬小麦的样子。

　　活动2：走进冬小麦
　　聚焦假期的两幅作品，引发幼儿的讨论：麦芒到底长在什么地方呢？孩子们带着问题走进小菜园，进行冬小麦地里的第一次探究，原来麦芒全身都有。每个麦粒上都有麦芒吗？对话中再次聚焦的问题，孩子们又一次零距离仔细观察，寻找答案。我们运用直接感知的探究形式，直观地让幼儿观察、认识冬小麦。

　　活动3：冬小麦的生长过程
　　假期看到的冬小麦和开学后的实际探究，孩子们发现冬小麦从绿变黄了，孩子们对冬小麦的生长过程很好奇。种子是什么样的？它是怎么长大的？我们运用图片、视频、表征的形式，了解冬小麦的生长过程，弥补幼儿前期经验的缺失。

活动4：冬小麦怎么了？

小麦田里的冬小麦都整整齐齐的，小菜园里的冬小麦怎么东倒西歪的呢？幼儿依据观察和生活经验的链接，进行了大胆的猜想与表征。该怎么办呢？我们要去照顾冬小麦。给冬小麦浇水、拔杂草，把冬小麦扶起来等，实际操作探究，引发幼儿关心、照顾冬小麦，萌发关爱生命成长的情感。

2.主体活动——冬小麦与麦田

（1）小菜园里的冬小麦

师幼再次走进小菜园，观察冬小麦的生长情况。结合冬小麦生长过程的照片，回顾冬小麦生长过程中模样的变化。

（2）凡·高《麦田》系列作品欣赏

请幼儿重点欣赏《麦田里的守望者》《麦田里的乌鸦》《麦田与收割者》等几幅作品，仔细观察，鼓励幼儿说一说自己看到了什么，或自己对这幅作品的理解等。教师根据幼儿的回答，逐幅介绍作品内容，激发幼儿的艺术表现兴趣——看了这么多漂亮的大师作品，你们想怎样留住我们小菜园里冬小麦的美呢？

（3）请幼儿观察活动材料，和同伴交流自己的艺术表现想法

在教室每一组的桌上都摆放了不同的材料，鼓励幼儿选择自己喜欢的材料画一画冬小麦，或者像凡·高那样，画一画小麦田，也可以剪剪贴贴，把冬小麦变成你画中的一部分。

（4）鼓励幼儿自由选择材料，可自己独立创作，也可以小组合作，大胆表现冬小麦或麦田，教师观察并进行个别指导。

（5）请幼儿相互欣赏作品，并鼓励幼儿在集体面前大胆介绍自己的作品。

3.区域活动

将收集、采摘到的整株冬小麦、麦粒等分类摆放在科学区供幼儿进行观察与讨论。

在美工区继续提供水粉颜料、棉签、彩复纸、冬小麦实物等材料，鼓励幼儿在区域活动中用不同形式大胆表现。设置一块展示墙，幼儿作品完成后可自由张贴展示。

利用户外活动、散步等时间，鼓励幼儿参与小菜园对冬小麦的照顾，观察其生长过程，支持幼儿不断发现和持续探究。

4.延伸活动

（1）在芒种前后，跟幼儿一起了解农民收割冬小麦的过程和工具，进行收割前的工具准备。

（2）幼儿自由选取收割工具走进小菜园，收割冬小麦。

（3）鼓励幼儿用不同的工具体验脱粒，完整感知冬小麦收割过程。

（4）进一步将冬小麦、麦粒等带回班级，在区域中引发幼儿观察、探究、操作和艺术创作。

案例由江苏省省级机关实验幼儿园陈晓娇提供

第二节　主题活动环境创设的规划与实践案例

一、主题活动环境创设目标的设定

活动与环境是密不可分的，环境为主题活动而创设，而主题活动则需要有环境的支持才能更深入更具体地推行展开。目标的设定是做事的指引，是顺利完成一件事的首要条件。幼儿园主题活动中环境创设目标主要考虑环境的使用主体——幼儿，充分考虑到幼儿的认知特点和年龄特点，既要考虑到集体活动广泛层面上的审美需要，也要照应幼儿各领域学习的既定要求。在主题活动中进行环境布置的目标设定，应从环境的使用主体、主题活动的核心教育目标、教学设计等因素综合考虑。

1.环境的使用主体

幼儿园主题活动在创设环境的时候首先要考虑到使用和参与到该环境中的主体的基本状况，对于不同年龄层次的幼儿，考虑的维度是不同的，要求教师在主题环境的创设过程中需要针对幼儿的发展状况和身心特点，来创设具有层次性的环境，并使用针对不同年龄阶段幼儿的材料以及提供不同的指导方式。

2.主题活动的核心教育目标

幼儿园课程领域包括健康、语言、社会、艺术、科学五大领域，主题活动是整合了各领域内容与目标的综合性延伸教育活动，而每个领域的活动又可以包含多个子教育目标。虽然每个主题活动都可能具有多种教育价值，教师在开展活动的过程中需要确立该主题活动的核心教育目标，并依据核心目标开展一系列环境创设。

3.教学设计

在主题活动中，教师的教学设计包括教学思路的设计和教学方法的设计。从教学思路的层面，教师在主题活动开展之前，应从整体概念的规划高度，去设计整个主题活动如何从多元化、多领域渗透的层面进行有机开展与组织。在环境创设资源获取和操作过程中，基本上是按照教学设计的推进步骤去获取材料进而布置环境空间的。从教学方法的层面，教师根据主题活动的具体实施，采取集体教学活动、小组活动，抑或是有机结合的方式。在环境创设方面的要求有一定的灵活性，以应对活动空间、教学资源以及教师与幼儿之间的互动关系等不同的要求，所体现出的环境创设理念和效果也是不尽相同的。

二、主题活动区域环境规划的原则

在主题活动区域环境的创设中，教师应当精心为幼儿准备一个开放的、动态的、能提供多种探索机会的环境。教师在规划整体区域教育环境时，应充分利用地面、桌面、墙面、空中等一切可利用的空间为幼儿提供一个安全、舒适的区域活动环境，促进幼儿的身心健康发展。常规的主题活动的区域环境规划应遵循以下原则：

（一）局部与整体相呼应

在进行主题活动区域空间规划时，要充分考虑幼儿在主题活动中的各类活动需求，应基于整体规划后再进行局部区域的布置。例如，活动室空间除了设置区域活动空间外，还要设置开展幼儿集体活动以及分组活动的空间，如美工操作、角色游戏等场所。因此，科学、合理、实用、美观的整体环境设置，能够让主题活动更好地在各个活动空间内实施。动静相宜、因地制宜的区域环境设置，能够更好地使主题活动各个环节的实施达到最优化。

1.动静相宜

在各类区域活动中，幼儿既需要独立思考与实践，又需要相互交流合作。为了避免少数喧闹的区域干扰安静区域的活动，在空间划分时就应做到动静相宜。例如，在美工区活动中，因创作活动的操作性要求，幼儿之间需要相互沟通、协商，为了不影响其他安静区域的活动，可以把美工区设置在靠近窗户、阳台、走廊等远离安静区域的位置，这样幼儿在区域活动中才不会相互干扰，才能更专注地进行自己的活动。

2.因地制宜

在区域活动中应该因地制宜，巧妙划分活动室的空间和场地，将有特殊需要的区域就近安排在方便的地方。例如，玩水区的设置，就可安排在盥洗室等有水源接入的地方，这样就既能够方便幼儿取水，也不会因操作不当影响到其他区域；阅读区尽量设置在光线充足的区域，要保证有自然光与照明光源，以保证在阴雨天，阅读区也能够光线充足，幼儿在这里轻松地享受阅读的快乐。

（二）开放与围合相平衡

在进行主题区域活动空间布局时，要从区域的功能、区域活动的内容等多方面进行思考，落实开放与围合平衡的原则，使区域活动开展时氛围活而不乱，场面既安静又灵动，为幼儿提供能真正促进其身心快乐成长的空间。

1.区域活动的功能性

因区域活动体现的主题活动子教育目标不同，其所承载的教育功能也各不相同，因此在开展主题活动时需要的区域环境也就有所不同，有的需要区域场地开放，有的则需要区域场地相对围合。如：艺术区的活动注重提高幼儿对美的表现力和创造力，在这一区域活动的幼儿相对活跃、喧嚣，为了能让幼儿开放、自如、轻松地开展活动，教师在设置该区域时应注意空间的开放性。语言、科学等知识体系较强的区域，在活动时需要幼儿有高度的专注力和意志力，因此在安排区域的空间时，就需要适当地进行围合，使空间相对隐蔽。

2.区域活动的内容性

有的区域活动内容与其他区域有着很广泛的联系，在设置这些区域时教师也要考虑其空间的开放性。比如拓展区，这一区域是与主题相关的区域，区域活动内容涉及各个领域，在设置该区域时，教师就应在活动室寻找合理、科学的场所，设置开放的区域，方便幼儿在拓展区活动时与各区域进行交流。

（三）室内与户外相互补

在主题活动区域环境的设置中，除在活动室内设置各区域以外，还应合理运用幼儿园的角落与场地，将室内和户外的资源进行有效整合，从而实现室内外环境安静与喧闹的互补、规范与宽松的互补、严谨与开放的互补，通过多种不同环境的教育作用，促进幼儿全面发展。例如：可利用教室门口的走廊等公共区域，进行一些创造性的建构活动。幼儿所创作出来的各类建构活动作品，既可以作为阶段性主题活动的成果，又可以成为环境布置的元素。因此，室内与户外互补的原则，不仅赋予了幼儿无限的想象、表现的空间，还能充分满足其身心健康、认知建构、交往合作等方面的需要。

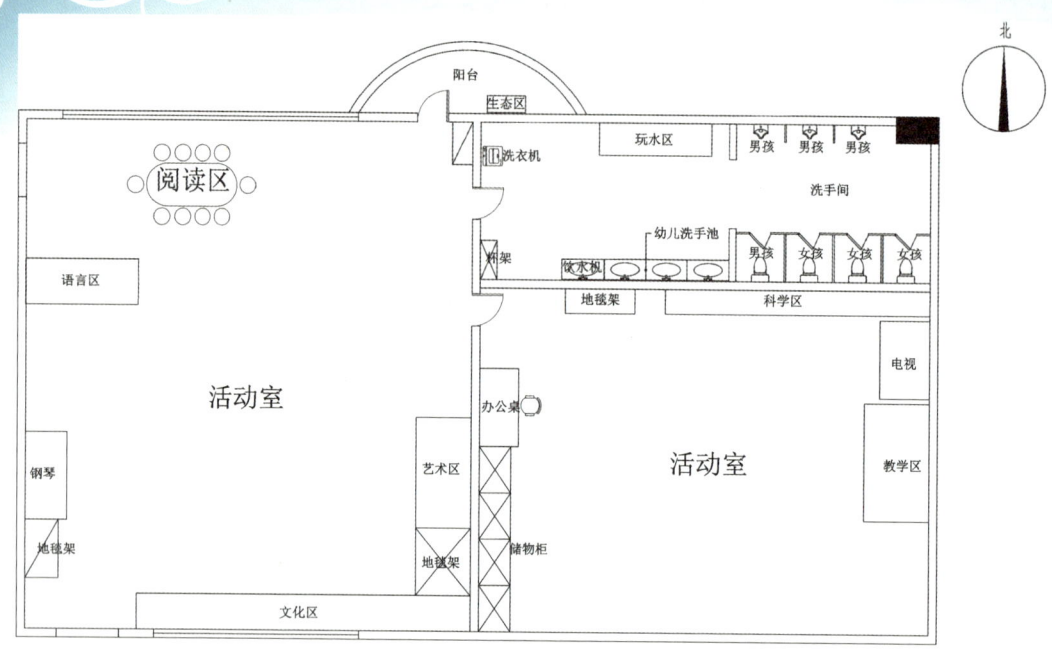

图5-19 班级区域划分平面图

三、主题活动区域环境规划的常规途径

（一）区域隔断

区域隔断即利用一些地面隔断物体把空间划分成若干区域。这种分割的方法具有灵活、方便、易变化、可随时调整和移动等特点，成为幼儿园区域空间划分的主要方式。可以利用地面隔断物如活动柜、桌子、椅子、屏风等物品的高矮搭配、物品的不同摆放方向，或采用在两个区域中放一个隔断物等不同方法，根据区域需要的空间大小及区域活动时需要隐蔽、安静、开放等特点进行隔断划分。

（二）形象标识

形象标识就是用文字、图画或者图文匹配等形式作为区域标识，放置或悬挂在区域入口处，帮助幼儿快速、清晰地找到该区域。要根据每个区域的显著特点，选择与区域相匹配的适宜的文字和图案，使标识更具有区域特性，让幼儿在寻找目标区域时更加快捷方便，减少幼儿在活动过程中寻找区域位置的时间。

（三）空间悬挂

空间悬挂是利用各种不同的挂饰对活动空间进行划分的一种方法。在选择悬挂材料时，应根据活动室的高度、面积以及区域划分的实际需求，选择适宜的材质、种类、色彩。在放置悬挂材料时，教师应考虑幼儿的视线范围，选择合适的悬挂高度。这种划分的方法具有较强的针对性，一般适用于美工区、绘画区、建构区等形象思维活跃的区域。区域空间规划的方法，能让幼儿明确各个区域的位置和活动内容，从而快速做出判断，选择自己感兴趣的区域材料进行操作，为幼儿提供可以随时自由出入的较大空间，使幼儿在活动区有限的活动时间里，大胆进行探索与创造。

【主题活动实践案例】

《秋语·秋实》（大班主题活动）

【活动背景】

春种一粒粟，秋收万颗子，秋天的大自然呈现出五彩纷呈之美……草木换上了五颜六色的新衣裳，秋风吹熟的各类果实压弯了枝头，秋雨润泽的庄稼铺满了大地，田野一片金黄，好一派丰收的喜人景象！

在《秋语·秋实》主题活动里，孩子们来到巴布洛生态园、江苏省农科所，通过多重感官了解农作物的种类、名称、形状和用途，比较不同农作物之间的差异，感受它们生长的变化，从而培养了观察和分析的能力；回园后孩子们和农作物玩游戏、进行艺术创想，在和农作物的互动中，增强了感受美、创造美的能力。在主题活动中，孩子们还欣赏了农民伯伯们描画丰收的画作、阅读了丰收的韵律、秋意的散文，培养了表达美、表现美的能力。更重要的是，孩子们在活动中通过欣赏、感受和操作来体验秋天里大自然给予人类的丰富物种，从而对人与季节、人与环境以及人与人之间应该共有的和谐关系有所了解，将"爱、美、生命"的生态式课程理念落在实处。

【活动目标】

社会：

1.在活动中通过欣赏、感受、体验秋天里大自然给予人类的丰富物种，从而对人与季节、人与环境以及人与人之间共有的和谐关系有所了解。

2.愿意把自己的研究发现成果与同伴分享，体会分享的快乐。

3.体验亲子采摘活动带来的快乐，增加和爸爸妈妈的情感交流。

健康：

1.通过钻、爬、跳、推等方式尝试玩轮胎，锻炼身体的平衡能力和协调性。

2.练习在滚筒内运用手脚协调的力量推动滚筒向前跑的技能。

3.学习与同伴合作背对背"运玉米"的方法。

语言：

1.感受有关丰收的韵律、秋意的散文和诗歌，培养幼儿表达美、表现美的能力。

2.能用语言描述几种常见种子的传播方式。

3.了解果实生长过程，并能用完整的语言进行表述。

科学：

1.了解农作物的种类、名称、形状和用途，比较不同农作物之间的差异，感受它们生长的变化。

2.了解秋天果实生长的必要条件有哪些？能将其归类为生态、环境、人为因素。知道常见农作物的不同生长环境，有的生长在土里、有的长在水里、有的长在树上。

3.了解稻谷生长的全过程，知道自己吃的米饭是怎么来的。

4.尝试各种种子在不同条件下的发芽小实验，并将观察到的结果用自己的方式记录下来。

5.感知与发现物体的大小与排列长短的关系，尝试学习用数字标记等符号记录操作结果。

艺术：

1.通过和农作物玩游戏、做创想的互动中，培养感受美和创造美的能力。

2.了解果实生长过程并能用绘画的方式进行表征。

3.学习用彩色复印纸（淡黄色、深黄色、橘色）及一次性吸管制作稻穗的方法。

4.尝试利用枯树枝、树叶、松果等材料进行各种造型的艺术创想活动。

5.学习秧歌十字步和转手绢花，能合拍手脚协调地动作。

【环境创设要点】

主题活动的环境创设以秋天为贯穿线索，分为"秋天来了""秋的礼物""丰收嘉年华""秋的畅想"四大板块来设计、布置主墙饰及各个展示区。在实地参观、师幼对话等前期经验准备之上，以及在与材料的探索与互动中，师幼一起进行了教室墙面展示区、台面展示区、游戏区角展示区等丰富的环境布置。

在"秋天来了"板块中，组织孩子围绕怎么发现"秋天来了"进行话题的讨论，引发对于秋天的大探秘，孩子们从秋天的感觉、秋天的景色、秋天的收获这三个方面一起交流、分享。期间幼儿前往南京的巴布洛生态谷，通过亲子采摘活动了解花生、红薯的生长环境、种植过程及相关知识，感受了劳动的艰辛，懂得珍惜农作物，在亲子活动中增加了与爸爸妈妈的情感，大量的亲子采摘的照片，用于主题环境的布置。

在"秋的礼物"板块中，我们把孩子们收集来的蔬果分类摆放在展示区；将孩子们讨论的农作物不同生长环境的讨论和瓜果蔬菜营养多的调查表布置在主题墙饰里；将孩子们绘画的不同生长环境的农作物组合布置在外面大的墙饰；将孩子们亲手制作的蔬果创意造型展示在美工区的台面上。

在"丰收嘉年华"的板块中，我们走进江苏省农科所，了解了高科技的农具机械，参观了水果、蔬菜等农产品的培育。还来到稻田里观察水稻、捡稻穗看农民伯伯收割水稻，我们将参观的照片布置在主题环境创设区域。回园后分享了关于稻草人的绘本阅读，在户外游戏开设了新的游戏——创意"稻草人"，孩子们合作创意稻草人的过程图片张贴在环境布置中。

在"秋的畅想"板块中，我们带领孩子聆听关于秋的优美的散文和诗歌，鼓励孩子仿编和创编诗歌并把它们记录下来做成小书。我们带领孩子欣赏一种新的绘画方式——农民画，看农民伯伯怎么把丰收的喜悦用自己的方式描绘出来的，并试着自己画一幅农民画，教师把孩子们的作品裱在镜框里布置在墙上的作品展示区——"丰收的秋天"。

【活动过程】

活动一《秋天来了》

一日清晨，班级来了四五位小朋友正在做小值日生的工作，突然笑笑从教室门外进来，边走边说："老师早，哎呀，今天早晨我爸送我过来的路上好凉啊，我都穿外套了。"正在做值日生的布丁说："哈哈，你太夸张啦，现在还是夏天。""不对，我爸爸说现在已经是秋天了。"……他们的争执引发了集体教学活动话题的讨论：现在是什么季节？怎么发现秋天来了？根据孩子们的讨论分享，我们分为三点去总结：

1.秋天的感觉——天冷了要穿外套；洗脸水变凉了……

2.秋天的景色——幼儿园的橘子树变得沉甸甸的，橘子变黄了；树叶变颜色了，金黄色、淡黄色、橘色、赭色……

3.秋天的收获——好多好吃的，有山芋、花生、石榴、南瓜、荸荠、柿子……

周末了，老师请家长带着孩子们去大自然中（中山陵、明孝陵石像路、绿博园、莫愁湖等）找秋天，点点滴滴中去发现秋天到来的痕迹，并把寻找到的"秋天的印迹"拍下来，带到幼儿园来和老师一起布置环境。在南京的巴布洛生态谷亲子活动中，孩子看到了长在地面上的花生和红薯，看一看、摸一摸、闻一闻，认识了它们的藤蔓、叶子，再和爸爸妈妈一起动手拔出来，看着自己拔出来的串在一起的长在地下的花生和红薯，孩子们开心极了。老师们及时捕捉着这一欢乐的亲子时光，留下永恒的回忆。

活动二《秋天的礼物》

有了上周外出探寻"秋色"的活动体验，孩子们对于秋天有了丰富、直观的感受，也有了新的发现——菜地里的蔬菜，他们以前只是在家里或者超市看到采摘下来的菜，但是实地看到长在土里（水里）土下、藤上的菜确实非常的兴奋，回忆并讲述自己的见闻时仍旧眉飞色舞："老师，我在我阿婆家的菜地里发现了好多长在土里的果实，有山芋、土豆、花生等"。"我爸爸画室旁边有一块空地，我在那儿发现了有种的冬瓜、茄子还有玉米呢！""我和妈妈一起去的八卦洲，在那里我看到了我喜欢吃的芦蒿还有莲藕，哈哈，你们不知道吧，它们是长在水里的。"……孩子们的讨论生成了"我最爱的瓜果蔬菜"问卷调查表，孩子们用自己的方式尝试进行记录，图文并茂表达自己的所闻所想。

孩子们去了菜地发现了好多的蔬菜：长在泥土里的、长在泥土上的、长在藤上的、长在水里的，但是孩子们这些的经验是零散的、片段式的，于是我们便引导孩子们尝试按照农作物的不同生长环境进行分类，用绘画的方式描绘出它们的生长环境，感受秋天的丰收。我们带着孩子们逛菜场，寻找这个季节菜场里特有的菜，帮助孩子学会用记录的方式记下观察到的菜场中的人和事，了解菜场中卖菜人的劳动，初步感受人们进行的买卖行为。孩子们把从菜场和户外采摘的蔬菜带到了幼儿园，我们结合南京的地方特色带领孩子了解并认识了南京的水八仙，了解水八仙的形态特点及其功能价值，我们还开了一个品尝会，品尝秋天的果实，体验分享的快乐。随着课程的深入我们发现孩子们对于蔬果造型特别感兴趣了，于是生成美术活动——农作物造型，利用各种农作物的特征根据所需选择合适的材料进行蔬果创意造型。

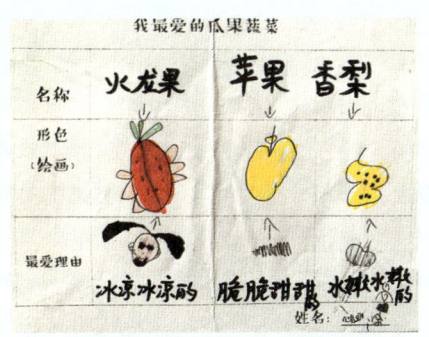

活动三《丰收嘉年华》

随着主题活动的推进，孩子们对于秋天丰收的果实有了切身的体验和感受，每日活动之余他们谈论最多的话题也是关于秋收的见闻："上次我们去巴布洛的时候我看到了一个草编的粮仓，上面贴了一张红纸，纸上写着一个字'豐'，爸爸告诉我那是丰收的丰的繁体字"。"我妈妈说过繁体字是古时候人写的字，粮仓里装的是稻谷，我看到的。""不光是稻子丰收了，还有玉米、辣椒、好多好多呢！"……孩子们的对话生发了关于秋收的传统习俗活动"丰收嘉年华"。

中国历史久远的农民丰收节"秋社"起源于三代，初兴于秦汉，兴盛于唐宋的节日，是中国古代最为盛大的祭祀节日。所谓"春祈秋报"，就是春耕时祈祷土神保佑丰收，秋收时酬谢土神赐予丰收。在民间，种稻的地区还普遍存在着"尝新米"的习俗。

在了解了农民丰收节的民俗知识之后,我们去了江苏省农科所,孩子们迫不及待地奔向那一丛金黄的稻田。拾一把稻穗,看一看、闻一闻、摸一摸、比一比……孩子们的观察记录照片和手工制作的稻穗用于布置在主题环境里。之后将科学种植活动融入教学中,对果实和种子进行了探究,了解植物的种子发芽生长的重要条件,之后能用语言表达、绘画记录的方式进行表征并制作成小书展示在语言区。由于孩子们对于稻草也特别的感兴趣,我们在户外开设了大型户外游戏——创意"稻草人"。

火红的辣椒,金黄的玉米,洁白的蒜头……一簇簇、一团团堆积在一起,一派丰收的景象。在古林公园里的大型活动"秋实",让孩子们感受秋天,体验收获。孩子们在老师的感染下跳舞庆祝丰收并祈求来年五谷丰登,感受着传统文化的博大精深。

活动四《秋的"畅想"》

活动生成于关于秋天色彩的讨论:"昨天爸爸妈妈带我去爬栖霞山的,我看到了好多漂亮的枫叶,有金黄色、淡黄色、橘色、红棕色、红色、黄绿色。""我们小区的桂花树开花了,有金桂,还有丹桂,妈妈说这是秋天的色彩和味道,小朋友们都在大树下面捡桂花呢"。这么多的颜色宛若一幅绝美的画卷,给人一种美的享受。结合小朋友们讨论的内容,我们分工合作,利用多种材料、多种方式一起制作了外面的大墙饰"秋意浓"。

在美术活动中,幼儿欣赏了农民老奶奶的水彩画创作"丰收的季节",笔下所描绘的多姿多彩的秋色、沉甸甸秋实，让人不禁跟跟随画作走进丰收的喜悦。孩子们也根据自己的体验，进行"丰收的季节"作品创作，布置在"秋天的畅想"这个主题区域环境中。

在手工活动中，孩子们利用枯树枝、松果、树叶、各种种子和果实等秋天的天然材料，创意造型，生成了"树枝的百变造型"，装饰在教室的各个角落。

在科学区，孩子们把收集的种子进行分类摆放，进行各种条件之下的发芽试验，还进行了土豆、红薯、玉米的水培实验，并且耐心地记录下每日的观察发现。

《秋语·秋实》大班主题活动实施环节与环境创设要点

主题目标	活动单元	集体活动	区角活动	环创要点	家园合作
1.通过欣赏、感受和操作体验秋天里大自然给予人类的丰富物种 2.了解农作物的种类、名称、形状和用途，比较不同农作物之间的差异，感受它们的生长变化 3.通过和农作物玩游戏、做创想的互动中，培养感受美、表现美、创造美的能力 4.感受有关丰收的韵律、秋意的散文诗歌，了解果实生长过程及种子的传播方式并能用完整语言进行描述	秋天来了	社会：亲子采摘 谈话：发现"秋天"来了 美术：会跳舞的树叶 秋天的树 秋天的叶 音乐：摘水果 体育：滚筒游戏	美工区：会跳舞的树叶（线描画）秋天的树（油画棒画）表演区：歌舞表演《摘水果》	设计"秋天来了"主题墙，大量的亲子采摘的照片、各类树枝树叶用于教室墙面、空间主题环境的布置	巴布洛亲子采摘，带好小铲子等工具；周末带领孩子外出寻"秋"（中山陵、绿博园等）
	秋天的礼物	社会：逛菜场 科学：南京水八仙 我们长在哪里？瓜果蔬菜营养多 音乐：农夫和种子 体育：蔬果套套乐 美术：蔬果创意造型	美工区：蔬果创意造型（手工）我们长在哪儿？（绘画）语言区：水果蹲蹲乐（语言游戏）南京水八仙（三步卡）科学区：它们长在哪儿？（分类）	"瓜果蔬菜营养多的调查表"布置于主题墙；绘画"不同生长环境的农作物"组合布置于大的墙饰；蔬果创意造型展示于美工区	和爸爸妈妈一起去菜场寻找南京水八仙；完成挂果蔬营养多的调查问卷
	丰收嘉年华	社会：参观省农科所 科学：秋实品尝会 一粒米的故事 有趣的玉米 美术：玉米粘贴画 音乐：庆丰收 体育：小熊运玉米	美工区：玉米粘贴画 科学区：秋实品尝 生活区：摘菜、剥豆子、剥玉米、磨豆浆 户外游戏：创意"稻草人" 语言区：小熊掰玉米（故事盒）	将参观省农科所的照片布置在主题环境创设区域；户外扎"稻草人"进行展示；创意稻草人的过程图片张贴在环境布置中	将参观省农科所的照片洗出带到幼儿园并分享参观感受（幼儿叙说家长纪录）；晚餐后亲子活动：水果跳跳棋
	秋的"畅想"	语言：我喜欢山芋 秋的"畅想" 科学：种子的旅行 种子的秘密 豆宝宝排队 地瓜甜甜 美术：果实的生长日记 秋果创想画 树枝的百变造型 体育：玩轮胎	美工区：立体小书制作"果实的生长日记"水果拼贴造型"秋果的创想"自然物创想"树枝的百变造型"科学区：豆宝宝排队 种子发芽实验 水培红薯、土豆	利用多种材料、多种方式一起制作了外面的大墙饰"秋意浓"；利用枯树枝、松果、树叶等天然材料，生成了"树枝的百变造型"，装饰在教室的各个角落	收集不同的种子与果实；了解种子传播的方式；收集秋天的各种自然物，记录孩子对于秋天的所思所想

案例由江苏省省级机关实验幼儿园赵敏提供（有删减）

【主题活动实践案例】

《行走明城墙》（大班主题活动）

【活动背景】

　　古城南京，最能体现历史痕迹的便是古城墙。"东尽钟山之麓，西阻石头之固，南临长干而秦淮贯其中。"那一块块城砖，一段段城墙，一道道城门，一座座城楼，诉说着厚重的历史，岁月的沧桑。孩子们时常提到城墙的话题："为什么城墙那么旧啊？""哇！南京有那么多城门哎！"历史的脚步像四季更替一样永不停息，在日新月异的城市变化中，如何让那些静卧的城墙城砖成为孩子们的兴趣点，从而萌发孩子们对家乡的热爱，对古文化的尊重？于是我们开启了一段明城墙之旅，探究其中的秘密，体味南京这座古老城市的魅力。

　　活动"城门的秘密"，引领孩子们沿着斑斑驳驳的城墙行走，渐次观察中华门、玄武门、仪凤门……行走这些大大小小的城门，了解城门的过去，感受城门的威严和高大，听长辈们讲述南京的历史故事。用绘画、图表和简单的符号记录自己对城门的认知和体会。我们还利用亲子活动和日常的区域活动利用废旧材料设计制作了南京的城门。

　　活动"城墙城砖的秘密"从城墙的砖块着手，着力观察一块块城砖的颜色、质地和纹理。通过寻找城砖上的字"制"和"造"，了解砖块的铸造工艺，发现文字的变化及造字工艺，引发孩子们对古迹及文化的兴趣，感受古代劳动人民的匠心智慧，探寻城墙背后的故事。

　　活动"城墙线路图探秘"，引领孩子们将参观过的中华门城堡、仪凤门城墙等，用弯弯曲曲的线条去设计行走明城墙的路线。一方面迁移已有的经验，另一方面用迷宫的形式，赋予城墙神秘的色彩，为再次行走明城墙增添乐趣。

　　活动"我是城墙小记者"，孩子们设计各种环保标记，描画环保行为。孩子们戴上小红帽，手持自制的小话筒、摄像机，挂上记者证，以小记者的身份，活跃在城墙上，用稚嫩的嗓音，向游人发出保护明城墙的呼声，呼吁人们保护历史遗迹，爱护我们的古城南京城。

【活动目标】

社会：
1.了解明城墙悠久的文化和相关历史故事，萌发对家乡南京的尊重和热爱。
2.树立保护城门城墙的意识，愿意做环保小卫士。
3.感受古代劳动人民的匠心智慧，体会劳动的辛劳和光荣。
4.能与同伴友好相处，尝试相互配合、分工合作。

健康：
1.练习单独或同伴合作以马步穿越高矮不同的城门。
2.探索运城砖的方法，尝试同伴合作运城砖，锻炼身体的协调性和灵活性。

语言：
1.乐于在集体中分享、讲述自己游城墙时的见闻，会有序而连贯地表达。

2.感受、理解相关古诗的意境和韵律美，并初步学习朗诵。
3.能用普通话较清楚地朗诵儿歌"城门城门几丈高"，并大胆地用动作表现。
科学：
1.欣赏城墙的建筑风格，了解城砖的排列方式。
2.欣赏南京的城门，了解城门的造型结构，感受其高大雄伟的特点。
3.按照颜色给城砖排序，了解简单的排列规律。
艺术：
1.尝试运用多种材料和方法搭建、制作城门城墙。
2.使用纸黏土仿制城砖，并运用各种工具刻压上面的花纹和文字。
3.运用多种技巧装饰字体"制"和"造"。

【环境创设要点】

本主题大墙饰以城墙、城门、城砖为主要创作元素，五个班级分别以"走进城墙""城门城门几丈高""城墙路线揭秘""城砖里的秘密""城墙小记者"这五个板块来设计、布置主墙饰及展示区。在与材料的互动与探究中，师幼对话共同创设了大的墙饰以及展示区、游戏区角等丰富的环境。在创设过程中，充分考虑幼儿的兴趣、发展水平及其文化和地域文化背景。在这过程中教师需要做一位细心的观察者，这样才可以创设对幼儿具有挑战性的环境和提供相应的经验，使得幼儿能在游戏中学习，有挑战的发展，学习所需的内容，体验好奇和喜悦，并有新的发现。

在"走进城墙"板块中，幼儿完成关于行走南京城墙的调查问卷，教师将幼儿的这次寻找城墙的问卷、城墙的合影、和城墙之间的小故事布置成墙饰的一角。教师带领幼儿重点欣赏各种城墙的图片，感知城墙的构造和连续延伸的形态，幼儿独立创作和城墙有关的主题画与后期的"我们发现的秘密"组合布置成墙饰。

在"城门城门几丈高"板块中，幼儿欣赏PPT《城门城门几丈高》以及短视频《南京城门》，了解今昔城门的对比，尝试运用多种材料和方法自由搭建、制作城门并布置出来。

在"城墙路线揭秘"板块中，通过观察明城墙地图了解明城墙在南京的地理位置，初步学习看路线图、游览图的方法，并尝试的制作路线图、游览图。幼儿在教师的带领和指导下利用棋谱原理生成城墙墙面棋谱的环境布置。

在"城砖里的秘密"板块中，实地带领孩子参观中华门城堡，重点在城砖上做了细致的观察和了解。在环境创设中，幼儿绘制了小组海报，图文并茂的交流城砖的奥秘，并使用纸黏土仿制城砖，运用各种工具刻压上面的纹理和文字，运用多种技巧装饰字体"制"和"造"，利用多种方式画城砖、做城砖，利用制作的城砖搭迷宫。

在"城墙小记者"板块中，尝试用纸盒、纸箱及其他辅助材料进行创意制作了各种话筒、摄像机和记者证，设计各种垃圾桶和环保小标，激发幼儿保护城门城墙的意识和环保的行为。

【活动过程】

活动一《走进城墙》

一日，某幼儿吟诵的古诗《春草》——"不独满池塘，梦中佳句香。春风有馀力，引上古城墙"引发了幼儿关于城墙的大讨论。"我知道南京的城墙，我家就住在玄武湖边上，那边有城墙！" "我也见过城墙的，城墙好高好高，站在城墙脚下往上看，我的帽子都要掉了！" "这么高的城墙是谁修的呢？" "城墙上有什么呢？" "我爸爸说城墙是用一块块的城砖垒高的，城砖做不好的工人在古时候都是要受到严厉的惩罚的"……带着孩子们的疑问，我们设计了"穿越时空来看你——行走南京古城墙"的调查问卷，周末让爸爸妈妈带着幼儿先寻找身边的古城墙，周一回园后分享自己在行走城墙过程中的见闻，了解有关城墙的知识。我们邀请了专家来园讲解关于城墙的小知识，幼儿对南京的明城墙、城门、护城河有初步的了解，激发幼儿对家乡的热爱，有初步保护文物的意识。教师将幼儿的这次寻找城墙的问卷、城墙的合影、和城墙之间的小故事布置成墙饰的一角，并将幼儿独立创作和城墙有关的主题画与后期的"我们发现的秘密"组合布置成墙饰。

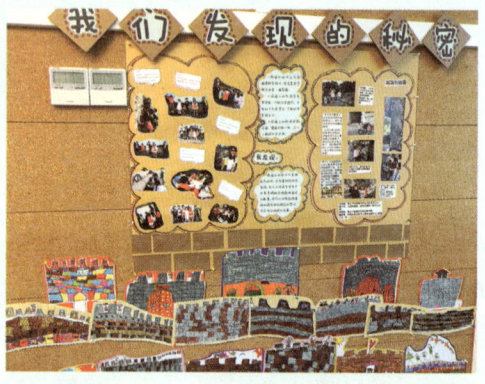

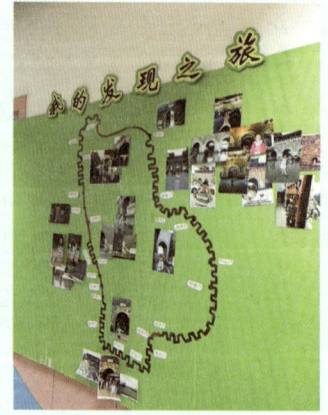

【调查问卷】

穿越时空来看你——行走南京城墙

每走过一座触动心灵的城,萦绕心间不散去的是城的温柔。历史的脚步像四季更替一样永不停息。明城墙承载着南京的悠久的历史,也记录着当下的变迁与发展。这个秋天,我们与孩子们再一次拥爱出发,寻访南京古城的痕迹,在欣赏、探究、感受和体验中萌发孩子对古老城市的热爱及对古文化的一份尊重。

亲爱的孩子们,这个周末我们可以和爸爸妈妈一起去南京的城墙走一走,和城墙一起合个影吧!

1.你去过南京的城墙吗?它在南京的什么地方?

2.你看到的城墙是什么样的?请你说一说试着用画笔画一画!(或者用语言描述)

3.关于南京的城墙,你知道什么?还有什么想知道的呢?

活动二《城门城门几丈高》

随着课程的逐步推进,孩子们对于南京古城墙的了解越来越多,对于古城墙的兴趣越来越浓厚。一日晨间活动时,小布丁带着其他孩子一起唱着童谣玩着游戏:"城门城门几丈高,三十六丈高。骑花马,带把刀,走进城门抄一抄。请问你是玄武门还是清凉门"……我们便从童谣《城门城门几丈高》作为切入点,带领孩子一探城门究竟。

活动中孩子一起行走了南京明城墙之中华门城堡,感受直观地了解南京中华门历史文化的积淀,提升关于城门的知识经验。通过参观城墙中华门,鼓励幼儿看一看,摸一摸,找一找,将幼儿园活动中所了解到的城墙城门知识与实际生活中的实物有机融合。在基于经验感知的基础之上,通过设计不同层次城墙、亲子制作南京的城门、绘画我心目中最爱的城门、搭建稳固的城门等活动。孩子们将亲手设计的地图、利用废旧材料制作的城门布置成墙饰,将制作的城墙小书陈列在阅读区进行展示。

活动三《城墙路线揭秘》

在探讨城门这个话题期间，孩子们知道了城墙是明朝皇帝朱元璋所修筑。在明朝时，南京有内13和外18共31座城门。内城门中至今保存比较完整的只剩下中华门、石城门、神策门、中山门。活动的切入点，是一张地图，孩子们通过地图上的标识了解城门的相关信息。针对这张地图，孩子们展开讨论："这个地图是一个一个点连接起来的呢！""每个城门在上面只有一点点大。""老师，我在书里看到海盗的藏宝图跟这个图有点像呢。""我也见过这样的图的，我们到巴布洛玩的时候，我爸爸带着我就看着这样的路线图从一个好玩的地方到下一个好玩的地方的。"……伴随着孩子们的讨论与观察，孩子们初步学习了在地图上看路线图，知道了明城墙在南京的地理位置，并萌发了制作游览图的愿望。

在延伸活动中，教师引导幼儿尝试自己绘制南京明城墙的游戏图、制作地图游戏棋等。有了前期的辅助经验，孩子们顺利设计并制作出自己想要玩的棋谱。这一过程中孩子的动手能力有了飞速的提升，同时孩子们的想象力、创造力也得到了较大的发展。

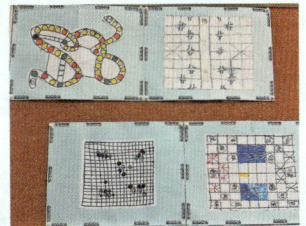

活动四《城砖里的秘密》

周一的早晨，打扫包干区的时候笑笑悄悄地与小朋友分享他周末游玩的经历："星期六的时候，我和爸爸妈妈一起去中山陵玩了，爸爸带我登上一段城墙，我趴在城墙上的时候，看到了那个灰色的砖上有字。"他的描述顿时引来身边的小朋友加入讨论："上次去中华门城堡参观的时候我也发现的，那个字是凸出来的，我还用手摸的呢。"此时教师也加入了讨论："每一块砖头上都有字吗？""字在砖头的什么位置？"……围过来的孩子越来越多，大家都摇摇头表示没有仔细看清楚。这时小小说："老师，我们再去看一次南京的城门城墙吧！"看着旁边点头赞同的孩子们，老师表示这是一个好主意。周末时全班分5个小组去完成"发现的秘密",每个小组选举了此次活动的小组长,小组长负责活动的时间、地点,并用海报的方式去记录,完成的海报带回幼儿园先进行每组的发现分享,然后进行墙面的布置展示。

在延伸活动中,我们参观南艺的陶艺室,学习了在油泥或陶土上刻上自己的名字。为了在观察和触摸中感受城砖上的文字所带来的历史厚重感,我们带孩子仔细观察城砖上"制"和"造"二字的演变过程,感受汉字丰富的内涵,激发幼儿对汉字的兴趣。我们用陶土制作了模具,进行了各种字体的"制"和"造"的拓印,另外利用刺绣的方式我们也制作了多个汉字,活动处处流淌着文化的气息,也体现在了环境的创设和布置之中。

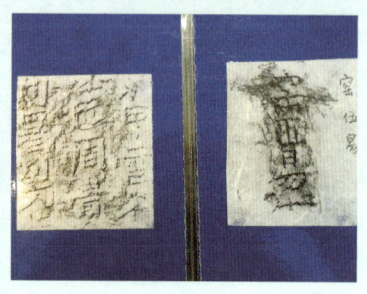

活动五《城墙小记者》

通过前期的实地走访、探究关于明城墙秘密的过程中,孩子们发现了一些不文明的行为在发生在城墙景区内。对此我们进行了讨论,激发幼儿保护城门城墙的意识并愿意在成人的带领下去进行公益环保活动。在课程实施中我们通过观看图片、视频,通过一个个的实例,了解了城门城墙被毁坏的事实,并教育幼儿应当讲文明、爱护历史文物,敢于抵制不文明行为,做保护城门城墙的小卫士。

落实到课程中,教师带领幼儿认识几种常见的环保标志,知道它们所表达的意思,在制作中发展幼儿的观察力与动手能力,增强幼儿的环保意识;通过自主选择材料,探究用撕、贴、粘等方法制作垃圾箱、各种环保标志,体验设计制作的乐趣;在幼儿园各角落张贴我们的环保标志;在周一的晨会上集体表演《我是环保小卫士》节目,把幼儿的环保意识转化成环保行为;利用电视台的家长到班级和小朋友互动,了解记者记者及媒体工作人员日常装备、工作任务等事项;教师带领孩子设计制作了话筒、摄像机、记者证、采访表等,在角色游戏扮演区进行"城墙小记者"的活动。

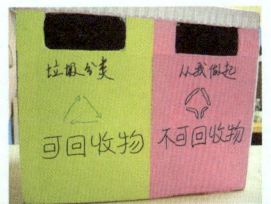

《行走明城墙》大班主题活动实施环节与环境创设要点

主题目标	活动单元	集体活动	区角活动	环创要点	家园合作
1.了解明城墙悠久的文化和相关历史故事，萌发对家乡南京的尊重和热爱 2.欣赏南京的城墙、城门，了解城门城墙的造型结构，感受其高大雄伟的特点	走进城墙	社会：走进南京明城墙 　　　潘老师说故事 谈话：话说城墙 　　　爷爷与南京城墙的故事 美术：城墙建筑师童画城墙 音乐：美丽城墙	美工区：童画城墙（油画棒画、线描画） 建构区：搭城墙（纸砖、积木）	将幼儿寻找城墙的问卷、城墙的合影、和城墙之间的小故事布置成墙饰的一角；将幼儿创作和城墙有关的主题画与后期完成作品的"我们发现的秘密"组合，布置成大墙饰	介绍有关明城墙的基本常识、科学知识和历史典故，共同完成"行走南京明城墙"调查问卷
	城门城门几丈高	社会：相约中华门 　　　今昔城门 科学：古老的城门城墙 语言：城门城门几丈高 音乐：城门城门几丈高 体育：我骑大马过城门 美术：创意城门 　　　我喜欢的城门	美工区：创意城门 　　　我喜欢的城门 语言区：城门城墙绘本、小人书阅读 语言游戏——蹲蹲乐	将幼儿设计、制作不同类型的城墙与城门，画出心目中最爱的城门，将作品进行展示；将幼儿设计的地图、利用废旧材料制作的城门布置成墙饰；将制作的城墙小书陈列在阅读区进行展示	收集南京城门分布图，自制小书；收集幼儿与城门的合影
	城墙路线揭秘	科学：小棋子旅行记 美术：棋谱制作——造城墙 　　　棋谱制作——创意骰子 　　　立体墙面棋制作——环游明城墙	美工区：设计制作棋谱、创意骰子南京城墙路线图 科学区：地面城墙棋谱游戏走迷宫	将幼儿尝试的制作路线图、游览图进行局部墙面装饰布置；幼儿利用棋谱原理生成的城墙墙面棋谱，用于布置活动区域的环境布置	晚餐后亲子活动：下棋

（续表）

主题目标	活动单元	集体活动	区角活动	环创要点	家园合作
3.尝试运用多种材料和方法搭建、制作城门城墙、尝试制作城砖及城砖上的字	城砖里的秘密	社会：城砖的秘密　有趣的"制"和"造"　有趣的汉字 体育：运城砖 科学：城砖排序 美术：各种各样的"制"和"造"　做古老的城砖	美工区：制作城砖（黏土、黑色卡纸）　彩色城砖（蜡笔画）　拓印城砖上的字 科学区：垒城砖　城砖的规律排序	幼儿绘制了小组海报，展示于墙面；幼儿使用纸黏土仿制城砖，利用多种方式画城砖、做城砖，利用制作的城砖搭迷宫，展示于教室；用刺绣的方式制作了汉字，布置在教室环境中	共同收集城砖拓印件；关于城砖秘密的小知识、小故事
4.乐于在集体中分享、讲述自己游城墙时的见闻，会有序而连贯地表达	城墙小记者	社会：走近明城墙　我是城门城墙小卫士 音乐：城墙环保小天使　环保小卫士 科学：小小环保标记　垃圾分类放 美术：设计记者证、制作摄像机、话筒、垃圾箱	美工区：制作摄像机、照相机、话筒、记者证、垃圾箱、设计环保小标记 表演区：歌曲《环保小卫士》 角色区：记者采访活动 语言区：环保拍手歌	幼儿自主选择材料，用撕、贴、粘等方法制作垃圾箱、各种环保标志，在幼儿园各角落张贴自行设计制作的环保标志	熟悉并认识生活中的各种环保标记；邀请锵锵妈妈来园介绍关于记者的工作

案例由江苏省省级机关实验幼儿园赵敏提供（有删减）

【思考与训练】

1.在小班、中班、大班以及混龄班的主题活动环境创设中，需注重哪些创设要点及不同的展现形式？

2.以《我的家乡》为主题，思考如何生成多领域间融合系列子活动？并尝试绘制出主题活动创设思路图。

3.自拟主题，尝试设计一个大型主题活动教学案例，要求能够在多领域间体现主题活动的目标，灵活运用多元化的表现形式，体现于环境创设之中。

第六章 幼儿园环境创设的教育评价

扫码获取
拓展资源

第一节 幼儿园环境创设教育评价的基本内容

一、幼儿园整体环境

（一）园所所处环境

我国住房和城乡建设部批准《托儿所、幼儿园建筑设计规范》（JGJ39-2016）局部修订的条文于2019年10月1日起实施，其中明确要求托儿所、幼儿园的基地应符合下列规定："1.应建设在日照充足、交通方便、场地平整、干燥、排水通畅、环境优美、基础设施完善的地段；2.不应置于易发生自然地质灾害的地段；3.与易发生危险的建筑物、仓库、储罐、可燃物品和材料堆场等之间的距离应符合国家现行有关标准的规定；4.不应与大型公共娱乐场所、商场、批发市场等人流密集的场所相毗邻；5.应远离各种污染源，并应符合国家现行有关卫生、防护标准的要求；6.园内不应有高压输电线、燃气、输油管道主干道等穿过。"[①]

（二）园所园舍设置及面积

根据《托儿所、幼儿园建筑设计规范》（JGJ39-2016）（2019修订版）的要求，"总平面布置应包括建筑物、室外活动场地、绿化、道路布置等内容，设计应功能分区合理、方便管理、朝向适宜、日照充足，创造符合幼儿生理、心理特点的环境空间。"[②]其中对幼儿生活单元房间的规定见表6-1，活动室的最小使用面积应不低于70m²。

表6-1 幼儿生活单元房间的最小使用面积（m²）

房间名称		房间最小使用面积
活动室		70
寝室		60
卫生间	厕所	12
	盥洗室	8
衣帽储藏间		9

---

① 中华人民共和国住房和城乡建设部主编：《托儿所、幼儿园建筑设计规范（2019年版）》，中国建筑工业出版社2019年版，第5页。
② 中华人民共和国住房和城乡建设部主编：《托儿所、幼儿园建筑设计规范（2019年版）》，中国建筑工业出版社2019年版，第5页。

国家教育委员会与建设部于1988年联合发布的《城市幼儿园建筑面积定额（试行）》对幼儿园生均用地面积的规定见表6-2，在假定每个班30名幼儿的条件下，城市幼儿园生均用地面积不宜低于表中规定的数字。

表6-2　城市幼儿园用地面积定额

园所规模	用地面积（m²）	用地面积定额（m²/生）
6班	2700	15
9班	3780	14
12班	4860	13

二、室内环境

（一）室内空间大小

室内空间大小不仅影响幼儿的行为，而且影响教师的行为。室内空间大小对幼儿行为表现的影响主要体现在空间密度上。空间密度通常是指单位面积内幼儿人数的多少，它是衡量室内环境拥挤程度的指标，空间密度可以用以下公式来计算：

空间密度=幼儿人数/（房间面积-不可供幼儿活动用的空间面积）

根据斯密斯（P. K. Smith）和康纳利（K. J. Connolly）的研究，每名幼儿平均占地面积以2.3 m²为临界值。当幼儿平均占地面积达到或者大于2.3 m²时，空间密度对幼儿的社会行为不发生影响。而当幼儿平均占地面积低于2.3 m²时，幼儿的攻击性行为明显增加。[①]朱家雄等人对比每个幼儿在2.4 m²和1.2 m²两种不同空间密度的活动室内的各种行为后发现，幼儿在空间密度较大的活动室内进行活动的时间比例更低，更多地出现破坏材料或错误使用材料的行为，更少与其他幼儿进行合作交流，更多地干扰其他幼儿的活动。[②]因此，提供适宜大小的室内空间不仅有助于幼儿的游戏与学习，而且有利于教师教育教学活动的正常开展。根据我国的相关规定，每个幼儿所占活动室面积为3 m²。因此，在评价幼儿园环境创设的情况时，可以测算班级内幼儿平均占有的可使用面积有多大，进而判断空间大小是否适宜。

（二）区域设置

随着学习观的演进，提供给幼儿自主学习、个别化学习的空间与材料成为幼儿园教育的主流思想。例如，将整体室内空间划分为不同的区域，提供给幼儿集体活动和个别活动的空间便是这一思想的具体体现。目前，一般幼儿园均以区域的方式来安排室内空间，这已经成为我国许多幼儿园班级空间的基本形态。

一般来说，班级里设置的区域有图书区、语言区、科学区、美工区、益智区、建构区、生活区、表演区或者角色游戏区。而根据幼儿的年龄段以及班级所开展的主题，每个班级具体设置的区域也会有所不同。另外，区域的划分不能过多，也不易过少，一般设置4-6个为宜。如果区域过多，会挤占幼儿集体活动的空间，也会造成一些活动空间和区域的浪费；如果区域过少，则可能导致自由游戏活动资源不足，不能满足孩子个性发展的需

---

① 朱家雄主编：《幼儿园环境与幼儿行为和发展的研究》，世界图书出版公司1996年版，第40-42页。
② 朱家雄主编：《幼儿园环境与幼儿行为和发展的研究》，世界图书出版公司1996年版，第42页。

求。同时，区域和区域之间要界线分明，要有便于幼儿行走的过道。教师可以与幼儿共同讨论每个区域用什么样的标志来表示，并且请幼儿参与到制作标志的过程中。这样，幼儿能够清晰地辨认出每个区域。此外，不同的区域对光线、安静程度、材料等有不同的要求，教师应该根据区域活动的具体特点，合理安排区域的具体位置。一般来说，图书区应该设置在安静、光线充足的地方，便于在图书区看图书的幼儿安静、认真地阅读图书；在建构区活动的幼儿会互相沟通、讨论搭建的主题、分工、进度等，来回拿取材料有较多的移动，搭建积木时还难免会发出碰撞的声音；美工区、科学区都是比较需要安静的环境的；表演区、角色游戏区是相对比较吵的区域。因此，在安排这样的区域时，注意尽量将比较吵闹的区域独立开，既不要和安静的区域放在一起干扰其他幼儿的活动，也不要和同样吵闹的区域放在一起，互相影响。

（三）墙面与顶面（天花板）的设计

墙面的美观和教育功能很重要。墙面是幼儿可以交流读懂的展示空间，需要考虑互动或各种材料的实际运用，应该注重多样性、灵活性。可以与主题教育相结合，充分发挥幼儿个体与环境之间的交互作用。墙壁图案的高度要依据幼儿尺度来做，图案和作品要依据幼儿追求感官变化的频率，定期轮换作品保持幼儿的兴趣。墙面可以具体分为班级主题墙、幼儿的作品展示区、感统训练区等。顶面的形状可以为下面的区域创造"中心"和"边缘感"，多体现为吊饰作品或展示幼儿园重大活动的吊饰等。

图6-1　走廊空间装饰　　图6-2　教室空间装饰　　图6-3　走廊的区域划分

（四）走廊的设计

走廊是幼儿每日活动的通道，一般空间有限可以集中考虑利用走廊的地面及两侧的墙面进行环境创设内容。如，可以围绕幼儿的主题活动设计，与社会性、科学探索、角色扮演等幼儿相互交流互动的空间相联系。如果走廊相对较宽敞，走廊环境的创设以美观、简单和谐为原则，区域设计的整体色彩与走廊墙壁、地板和谐，主体色彩以两三种为宜。小班走廊可设"娃娃家"，中班可设"建构区"，同时添置纸板箱等废旧材料，大班可同时设置多个内容，如表演区、娃娃家、结构区等（以两、三个为宜）。走廊游戏区在划分界限时，可选用地毯、泡沫板、开放架、积木或其他物体隔离，使幼儿能清楚地选择游戏区，便于幼儿自主地选择游戏。同时可利用窗台、鞋箱等固定放置幼儿的作品或观察的材料。

图6-4　走廊墙面装饰　　　　图6-5　走廊主题墙

（五）地面的设计

地面的创设内容可以围绕有关规则、认知、逻辑思维、社会性等游戏进行创设，可粘贴交通标志导向标志、迷宫、涂写颜色小脚丫、数字、几何图形、字母等。如在地面上画上中国地图，通过游戏的形式，认识祖国的幅员辽阔，培养幼儿的爱国情感。又如"跳蜗牛"，在蜗牛背的螺旋形上分格涂上鲜艳的颜色并写上数字，引导幼儿学会辨色，巩固对数字的认识。

图6-6　地面创设"数字游戏"　　　　图6-7　地面创设"迷宫"

三、室外环境

学前教育阶段是幼儿身心快速发展的时期，户外运动能提高幼儿基本的身体运动技能，促进幼儿运动系统、神经系统、呼吸系统和血液循环系统等身体功能的完善。幼儿在户外活动的过程中能够呼吸到新鲜的空气，接触到阳光、微风、青草等大自然的一切，幼儿可以亲近大自然，认识周围环境。与此同时，幼儿在户外活动时处于身心放松的愉悦状态，和同伴的互动更为自由舒适，这是在最自然的状态下对幼儿的社会性发展的促进。因此，户外运动对幼儿的身心发展有极为重要的作用。《幼儿园工作规程》规定："幼儿户外活动时间在正常情况下每天不得少于2个小时，寄宿制幼儿园不得少于3个小时。高寒地区可酌情增减。"保证幼儿有足够时间的户外活动，前提是园所有充足的室外空间和丰富、适宜的户外体育材料。因此，对室外空间和设备可以从空间大小、活动设施和器械以及场地的安排和利用方面进行评价。

（一）室外空间大小

对室外空间的大小，《托儿所、幼儿园建筑设计规范》（JGJ39-2016）规定："托儿所、幼儿园应设室外活动场地，并应符合下列规定：'1.幼儿园每班应设专用室外活动场地，人均面积不应小于2m²，各班活动场地之间宜采取分隔措施；2.幼儿园应设全园共用活动场地，人均面积不应小于2m²"。①

（二）活动设施和器械

活动设施和器械应该能满足幼儿身体运动技能各种发展的需求，例如，钻爬、跑跳、投掷、平衡等。因此，在种类上，户外的活动设施和器械应该尽量覆盖这些方面，可以提供跑道、平衡木、羊角球、沙包、球、攀登架、滑梯、儿童钻洞以及教师自制的各种户外活动材料。户外活动设施和器械数量应充足，能满足幼儿分散游戏时，每个幼儿玩耍、操作材料的需要。由于大部分幼儿园的室外场地是按照不同时间开放给不同年龄段班级的，所以，户外活动设施和器械要同时考虑不同年龄段幼儿的需要。比如，大型组合滑梯比较适合中、大班幼儿，小型木质滑梯更适合小班幼儿。而对于每个班级各自的户外活动材料，考虑本班年龄段幼儿的发展水平和能力就更应该有针对性。

（三）场地的安排和利用

和活动室的区域划分相同，室外场地也应该有相应的区域划分，例如，器械设备区、集体游戏区、器械存放区等。集体游戏区应该宽阔、平整，避免幼儿集体游戏时摔倒、推搡等，《托儿所、幼儿园建筑设计规范》（JGJ39-2016）（2019修订版）中规定："3.地面应平整、防滑、无障碍、无尖锐突出物，并宜采用软质地坪；4.共用活动场地应设置游戏器具、沙坑、30m跑道等，宜设戏水池，储水深度不应超过0.30m。游戏器具下地面及周围应设软质铺装。宜设洗手池、洗脚池"②，器械设备区则可以根据器械设备的不同特点有一些独特的设计；如器械存放区应靠近场地边缘，尽可能地降低对场地的占用率。区域的划分可以利用户外场地天然的地形和绿化，比如，山坡、大树、草地等。另外，户外场地是否得到了有效利用也是非常关键的。有的时候，教师担心幼儿出危险，便禁止幼儿到某些场地游戏，这样的做法是欠妥的。对场地的利用程度，评价者可以通过观察、访谈等方法获取相应的信息。

第二节　幼儿园环境创设教育评价的示例

一、托幼机构环境评价量表（修订版）

托幼机构环境评价量表（修订版）是由美国北卡罗来纳大学（University of North Carolina, UNC）儿童发展中心的两位学者哈姆斯（T.Harms）和克利福德（R.M.Clifford）于1998年在第一个版本的基础上修订而成的。该量表虽然冠以"环境评价量表"的名，但事实上该量表对环境的理解包括了物质环境、日常照料、教学活动等。该量表一共有7个大的维度、43个具体项目，主要针对为2.5-5岁幼儿提供教育、保育服务的机构的各个方面进行评价。其中，第一个大的维度"空间与材料"（space and furnishings）主要是对托幼机构的物质环境进行评价。

---

① 中华人民共和国住房和城乡建设部主编：《托儿所、幼儿园建筑设计规范（2019年版）》，中国建筑工业出版社2019年版，第6页。
② 中华人民共和国住房和城乡建设部主编：《托儿所、幼儿园建筑设计规范（2019年版）》，中国建筑工业出版社2019年版，第6页。

(一)幼儿园环境评价内容

在"空间与材料"这个大的维度下,包括8个具体项目:室内空间(indoor space);日常护理、游戏和学习的设施(furniture for routine care, play and learning);使幼儿休息和放松的家具设施(furnishings for relaxation and comfort);空间安排(room arrangement);私密空间(privacy room);幼儿相关的展示(child related display);大肌肉活动场所(gross motor play);大肌肉活动设施(gross motor equipment)。每个项目的具体评价内容如表6-3所示。

表6-3 托幼机构环境评价量表(修订版)中"空间与材料"维度评价内容

评价项目	评价内容
室内空间	是否有充足的空间提供幼儿学习和游戏,空间的温度、光照条件如何,室内空间是否有良好的修缮和保养
日常护理、游戏和学习的设施	是否有基本的家具设施,比如,床、桌、椅等;家具设施是否牢固并且适合幼儿的身体比例;老师是否能够非常轻松的使用日常护理的设施
使幼儿休息和放松的家具设施	是否给幼儿提供了柔软的家具和玩具,让幼儿有机会放松和休息;班级里是否有舒适的空间,允许幼儿在其中安静的放松、躺下、遐想
空间安排	是否设置了多个活动区;活动区的活动设置是否符合儿童的年龄特点;活动区的材料是否摆放得有秩序,使幼儿能够自主拿取
私密空间	当幼儿感到压力很大时,是否有私密空间供他们独处;教师是否提供给幼儿这样的机会和时间
幼儿相关的展示	幼儿的个人作品是否得到了展示,占的比例是不是较大;材料和种类是否很丰富,和当前班级活动的关系是否密切
大肌肉活动的场所	是否有足够的室内外空间供幼儿进行大肌肉运动,运动空间是否安全,是否允许多种游戏同时进行而互不干扰,是否有相应的保护措施
大肌肉的活动设施	是否有充足、多样的大肌肉活动设施供儿童使用,能够发展幼儿的多种身体机能;设施是否符合幼儿的年龄特点,有不同的层次

(二)具体评价指标和评价方法

每个评价项目下都有具体的评价指标,表6-4以第一项"室内空间"和第五项"私密空间"为例。

表6-4　托幼机构环境量表（修订版）"空间与材料"子项目举例

不合格		达标		良好		优秀
1	2	3	4	5	6	7
1.室内空间						
1.1 对幼儿、成人与设施而言，空间不足 1.2 空间缺乏适当照明、通风、温度控制或吸音材料 1.3 空间修缮不足（例如，墙上或天花板有剥落的油漆，粗糙而危险的地板） 1.4 空间卫生状况不佳（例如，地板残留油腻和污垢，满出来的垃圾桶）		3.1 对幼儿、成人与设施而言，空间足够 3.2 适当的照明、通风、温度控制和吸音设施（例如，天花板、地垫） 3.3 良好修缮过的空间 3.4 适度的清洁与良好保养的空间 3.5 对所有正在使用教室的幼儿与成人而言，有容易接近的空间（例如，有坡道和扶手栏杆给使用轮椅，及助走器的残障人士）		5.1 能给予幼儿与成人自由地四处移动的足够的室内空间（例如，家具不会限制幼儿的移动，提供给残障幼儿必要的设备） 5.2 良好的通风，有经窗户或天窗进入的自然光 5.3 残障幼儿或者成人容易接近的空间		7.1 可以调节自然光（例如，可以调整的百叶窗或窗帘） 7.2 可以控制通风（例如，窗户可以打开，教师可以操作抽风机）
5.私密空间						
1.1 不允许幼儿在不受其他儿童干扰的情况下，独自活动或仅与某个同伴活动		3.1 允许幼儿去寻找或创设私密空间（例如，家具或房间隔断物后面，户外游戏材料中，房间内的某个安静角落） 3.2 教师能够看见并指导幼儿在私密空间内的情况		5.1 有单独的、供一两名幼儿不受他人干扰的游戏的场地（例如，制定"不许打扰"的规则，用物品将空间隔出来） 5.2 私密空间在一天中的大部分时间内是可以使用的		7.1 有不止一个私密空间 7.2 教师设计一些不同于集体活动的、供幼儿在私密空间内游戏的活动（例如，在一个安静角落里放两个游戏钉板，或供一两名幼儿使用的电脑）

表格来源：Harms T, Clifford R M, Cryer D: Early childhood environment rating scale（Revised Edition），Teachers College Press, 2005, 第16页。

如表6-4所示，评价者对每一个项目进行评价时，可以参考这些具体的指标并赋分。ECERS-R的赋分方式如下：

①如果在得分1的指标中任何指标被勾选，那么评分为1；

②如果所有在1下面的指标都没被发现，并且至少一半在3下面的指标被勾选"是"，那么评分为2；

③如果所有在1下面的指标都被勾选"否"，并且所有在3下面的指标都被勾选"是"，那么评分为3；

④当所有的条件符合3下面的指标和5下面至少一半的指标，则评分为4；

⑤当所有的条件符合3和5下面的指标，则评分为5；

⑥当所有的条件符合5下面的指标和7下面至少一半的指标，则评分为6；

⑦当所有的条件符合5和7下面的指标，则评分为7。

对于所有同"物质材料"相关的项目进行赋分后，再取平均值，得到的就是该园所在"物质环境"这一项的得分了。

二、High/Scope的幼儿园项目质量评价方案

幼儿园项目质量评价方案（Preschool Program Quality Assessment，PQA）是High/Scope研究中心根据自己的教学研究实践研发出来的一套评价方案，不仅适用于使用High/Scope课程的机构，也适用于以区域活动为主的幼教机构。

PQA主要围绕学习环境（learning environment）、一日生活（daily routine）、师幼互动（adult-child interaction）、课程计划与实施（curriculum planning and assessment）四个方面对幼儿园教育质量进行评估。其中，学习环境主要是指幼儿园的物质环境，具体评价内容有9项：为幼儿提供一个安全且健康的环境；空间被分隔为不同活动区；活动区的位置被精心设计；户外空间、设备及材料；活动材料被有组织地摆放并做了标记；多种多样的开放式操作材料；活动材料充足；材料能反映人类文化的多样性；儿童作品的展示。每个项目采取5分评分制，评价者根据自己了解的情况进行赋分。这些评价项目中，"多种多样的开放式操作材料""材料能反映人类文化的多样性"这两条是比较独特的，现将其具体评价指标在表6-5中举例说明。

表6-5　幼儿园项目质量评价方案"学习环境"子项目评价示例

1.多种多样的开放式操作材料			
水平1 指标	水平3 指标	水平5 指标	支持性证据/逸事
大部分兴趣区的大部分材料均引出规定的结果（例如，艺术剪影、乐透游戏、作业单、涂色书、商业性玩具——麦当劳的人偶）	部分开放性材料在部分兴趣区可见（例如，箱子、纸张、桌子、涂料）	所有兴趣区的大部分可用材料为开放式（例如，积木、书籍、沙、水、软木、玩偶、围巾、玩具车、涂料、贝壳）	
教室里的任何区域均未提供操控性材料	教师的部分区域提供了部分操控性材料	教室的所有区域均有多种操控性材料	
许多玩具复制品的材料替代了"真实的"物品（例如，玩具、盘子和杯子代替了真实餐具；小的塑料工具）	部分玩具复制品的材料替代了"真实的"物品（例如，玩具计数器、玩具扫帚）	很多"真实"物品的材料替代了玩具替代品（例如，狗碟、消防队员的长靴、方向盘、园艺工具、手提箱、公文包、壶和锅、锤和锯、电话）	
很多材料并不能吸引所有感官（视觉、听觉、味觉、触觉和嗅觉）	部分材料能吸引多种感官（例如，填充的小动物、乐器、碗面团）	很多材料能吸引多种感官，且同时包括自然材料和人工制成材料（例如，这些材料包括具有坚硬或柔软纹理的物品；具有多种气味和口味的点心；分别用木头、布料、金属、纸张、液体制成的物体）	
2.材料能反映人类文化的多样性			
水平1 指标	水平3 指标	水平5 指标	支持性证据/逸事

（续表）

材料并不能反映家庭和社会的文化或者项目中儿童的特殊需要	材料可以反映家庭和社区的文化，以及项目中部分儿童的特殊需要	材料可以反映家庭和社区的文化，以及项目中儿童的特殊需要（例如，家庭成员的照片、烹饪器皿、音乐磁带、工作服和工具、眼镜）	
材料持续了文化和性别的刻板印象	部分材料强化了文化和性别的刻板印象	材料描绘了一个宽泛的，且非刻板的人物形象和文化（例如，图画书上有女医生和男人正在做家务；装扮区有不同职业的服装，供所有幼儿选择；木工和烹饪器具可供不同性别的成人和幼儿使用；故事、玩具和计算机软件将少部分人描绘成专业人士）	
材料仅能反映一种文化	部分多元文化的材料被融合在教室中	多元文化的材料被融合在教室中（例如，装扮区有其他国家的日常和节日服饰；来自幼儿多样化文化和宗教的食物被作为典型，并放置在容器中，展示在"娃娃家"；有不同时期的和地域的音乐、书籍和乐器；利用不同媒介再现来自不同国家的艺术品）	

表格来源：High Scope Educational Research Foundation: Preschool program quality assessment form A（the second edition），High Scope Press, 2003。

三、《幼儿园教育质量评价手册》

《幼儿园教育质量评价手册》是我国中央教育科学研究所学前教育研究室根据一定的研究结果修订而成的一系列针对幼儿园教育质量的评价工具。这一系列的评价工具包括幼儿园总体状况访谈、幼儿班级状况考察、教师对幼儿半日活动安排的观察、幼儿活动观察、教师行为观察、师幼互动观察、幼儿发展测评、教师教育观念与行为意识访谈、幼儿家庭与教养状况访谈以及区（县）幼教状况访谈等。每个工具能单独使用，也可以组合使用，互相印证和解释，以全面评价幼儿园的教育质量发展状况。

在这些工具中，工具二"幼儿班级状况考察"中的"建筑与设备""区域与材料""墙饰布置"三个大的维度，都是针对幼儿园物质环境进行评价的内容。具体见表6-6。

表6-6 《幼儿园教育质量评价手册》中"幼儿班级状况考察"子项目评价示例

大的维度	小的维度	内容指标
建筑与设备	建筑及使用频率	活动室；睡眠室；园内公用活动室
	户外运动场地及使用频率	班级单独使用的户外运动场所；公共使用的户外运动场所
	基本设施及使用程度	桌椅；厕所；盥洗设备/流动水洗手设备；玩具架/柜；书架；光线；黑板/白板

（续表）

区域与材料	空间安排与区域划分的明确性与合理性	区域数量；划分的明确性；划分的合理性；各区域有无明显的标签或标注；材料有无明显标签或标注
	户外运动材料及使用频率	滑梯；攀登架；秋千；平衡木
	活动区材料及使用频率	建构区活动材料；"娃娃家"活动材料；"小餐厅"活动材料；"小商店"活动材料；艺术活动材料；语言区活动材料；专门学具；作业练习册
	对班级玩（教）具质量总体印象	
	对班级自制玩（教）具和因地制宜提供的材料的总体印象	总体印象；自制玩（教）具所占的比例；幼儿对自制玩（教）具和因地制宜提供的材料的使用比例
	使幼儿舒适、放松的家居设备	"图书角""娃娃家""悄悄屋"等幼儿可以自由交谈、放松的地方
墙饰布置	墙面环境布置总体感觉	具有美感；高低适宜；内容具体、形象，文字较少；幼儿的参与程度高；能支持幼儿的学习与活动
	墙饰的功能与适宜性	与教育活动相呼应的主题墙饰；常规性主题墙饰；与区域活动相适宜的墙饰与布置；功能区的墙饰与布置；过渡区的布置；一般的装饰性墙饰

【思考与训练】

1.以个人或小组为单位，选取一家幼儿园进行实地调查，从区域与材料的维度考察以下因素：

（1）区域设置的空间安排

（2）区域划分的明确性与合理性

（3）活动材料及使用的频率

用表格去呈现考察结果，分析其环境创设的优缺点，并尝试与幼儿园一起改善区域与材料的创设。

2.参观一所幼儿园，利用《幼儿园教育质量评价手册》中"建筑与设备"维度下"基本设备及使用程度"的表格，试评析该园所"基本设备及使用程度"的情况。

你班下列基本设施是否适合幼儿使用？（在每部分选择一项画"√"）					
设备项目	0 无	1 基本不合适	2 有的合适，有的不合适	3 基本都合适	4 非常合适
（1）桌椅					
（2）厕所					
（3）盥洗设备/流动水洗手设备					
（4）玩具架/柜					
（5）书架					
（6）光线					
（7）黑板/白板					

表格来源：中央教育科学研究所学前教育研究室：《幼儿园教育质量评价手册》，教育科学出版社，2009，第41-44页。

参考文献

1. 陈秀云，柯小卫.儿童游戏与玩具[M].南京：南京师范大学出版社，2013.
2. 辞海编辑委员会.辞海[M].上海：上海辞书出版社，1990.
3. 顾明远.教育大辞典（增订合编本·上）[M].上海：上海教育出版社，1997.
4. 杭州大学教育系.教育辞典[M].南昌：江西教育出版社，1987.
5. 张虹.幼儿园环境创设对幼儿身心健康影响浅谈[J].资治文摘（管理版），2010（7）.
6. 汤志民.幼儿园环境创设指导与实例[M].上海：华东师范大学出版社，2013.
7. 蒙台梭利.童年的秘密[M].马荣根，译.北京：人民教育出版社，2005.
8. 袁爱玲.幼儿园教育环境创设[M].北京：高等教育出版社，2010.
9. 马拉古齐.孩子的一百种语言:意大利瑞吉欧方案教学报告书[M].张军红，陈素月，叶秀香，译.台北：光佑文化事业股份有限公司，2002.
10. 王娇艳，程秀兰.当"有准备的环境"遇上"第三位老师"——对蒙台梭利教育和瑞吉欧教育中"环境"的比较研究[J].早期教育，2014（9）.
11. 陈秀云，陈一飞.陈鹤琴全集（第五卷）[M].南京：江苏教育出版社，2008.
12. 中华人民共和国住房和城乡建设部.托儿所、幼儿园建筑设计规范（2019版）[M].北京：中国建筑工业出版社，2019.
13. 朱家雄.幼儿园环境与幼儿行为和发展的研究[M].北京：世界图书出版公司，1996.
14. 中央教育科学研究所学前教育研究室.幼儿园教育质量评价手册[M].北京：教育科学出版社，2009.
15. 杨枫.幼儿园教育环境创设与玩教具制作（第二版）[M].北京：高等教育出版社，2019.
16. 克莱尔·弗里曼，保罗·特伦特.儿童和他们的城市环境——变化的世界[M].萧明，译.南京：东南大学出版社，2015.
17. 陈桂平，郑天竺.幼儿园环境创设[M].上海：华东师范大学出版社，2017.
18. 沈建洲.图案·装饰——幼儿园平面设计与环境创设[M].上海：复旦大学出版社，2015.
19. 王微丽.幼儿园区域活动——环境创设与活动设计方法[M].北京：中国轻工业出版社，2016.
20. 熊焰.立体纸雕模型[M].深圳：海天出版社，2005.
21. 汝茵佳，蒋放.幼儿园墙饰设计与制作[M].南京：南京师范大学出版社，1995.
22. 汝茵佳，蒋放.幼儿园环境设计与布置丛书·活动角[M].南京：南京师范大学出版社，1997.
23. 张珺.幼儿园环境创设——环境与艺术的对话[M].北京：北京师范大学出版社，2016.
24. 袁爱玲，廖莉.幼儿园环境创设理论与实操[M].上海：华东师范大学出版社，2017.